T&P BOOKS

I0197045

GRIEKS

WOORDENSCHAT

THEMATISCHE WOORDENLIJST

NEDERLANDS GRIEKS

De meest bruikbare woorden
Om uw woordenschat uit te breiden en
uw taalvaardigheid aan te scherpen

5000 woorden

Thematische woordenschat Nederlands-Grieks - 5000 woorden
Door Andrey Taranov

Woordenlijsten van T&P Books zijn bedoeld om u woorden van een vreemde taal te helpen leren, onthouden, en bestudering. Dit woordenboek is ingedeeld in thema's en behandelt alle belangrijk terreinen van het dagelijkse leven, bedrijven, wetenschap, cultuur, etc.

Het proces van het leren van woorden met behulp van de op thema's gebaseerde aanpak van T&P Books biedt u de volgende voordelen:

- Correct gegroepeerde informatie is bepalend voor succes bij opeenvolgende stadia van het leren van woorden
- De beschikbaarheid van woorden die van dezelfde stam zijn maakt het mogelijk om woordgroepen te onthouden (in plaats van losse woorden)
- Kleine groepen van woorden faciliteren het proces van het aanmaken van associatieve verbindingen, die nodig zijn bij het consolideren van de woordenschat
- Het niveau van talenkennis kan worden ingeschat door het aantal geleerde woorden

Copyright © 2018 T&P Books Publishing

Alle rechten voorbehouden. Niets uit deze uitgave mag worden verveelvoudigd, opgeslagen in een geautomatiseerd gegevensbestand en/of openbaar gemaakt in enige vorm of op enige wijze, hetzij elektronisch, mechanisch, door fotokopieën, opnamen of op enige andere manier zonder voorafgaande schriftelijke toestemming van de uitgever. U mag dit boek niet verspreiden in welk formaat dan ook.

T&P Books Publishing
www.tpbooks.com

ISBN: 978-1-78492-340-2

Dit boek is ook beschikbaar in e-boek formaat.
Gelieve www.tpbooks.com te bezoeken of de belangrijkste online boekwinkels.

GRIEKSE WOORDENSCHAT
nieuwe woorden leren

T&P Books woordenlijsten zijn bedoeld om u te helpen vreemde woorden te leren, te onthouden, en te bestuderen. De woordenschat bevat meer dan 5000 veel gebruikte woorden die thematisch geordend zijn.

- De woordenlijst bevat de meest gebruikte woorden
- Aanbevolen als aanvulling bij welke taalcursus dan ook
- Voldoet aan de behoeften van de beginnende en gevorderde student in vreemde talen
- Geschikt voor dagelijks gebruik, bestudering en zelftestactiviteiten
- Maakt het mogelijk om uw woordenschat te evalueren

Bijzondere kenmerken van de woordenschat

- De woorden zijn gerangschikt naar hun betekenis, niet volgens alfabet
- De woorden worden weergegeven in drie kolommen om bestudering en zelftesten te vergemakkelijken
- Woorden in groepen worden verdeeld in kleine blokken om het leerproces te vergemakkelijken
- De woordenschat biedt een handige en eenvoudige beschrijving van elk buitenlands woord

De woordenschat bevat 155 onderwerpen zoals:

Basisconcepten, getallen, kleuren maanden, seizoenen, meeteenheden, kleding en accessoires, eten & voeding, restaurant, familieleden, verwanten, karakter, gevoelens, emoties, ziekten, stad, dorp, bezienswaardigheden, winkelen, geld, huis, thuis, kantoor, werken op kantoor, import & export, marketing, werk zoeken, sport, onderwijs, computer, internet, gereedschap, natuur, landen, nationaliteiten en meer ...

INHOUDSOPGAVE

Uitspraakgids	9
Afkortingen	10

BASISBEGRIPPEN 12
Basisbegrippen Deel 1 12

1. Voornaamwoorden 12
2. Begroetingen. Begroetingen. Afscheid 12
3. Hoe aan te spreken 13
4. Kardinale getallen. Deel 1 13
5. Kardinale getallen. Deel 2 14
6. Ordinale getallen 15
7. Getallen. Breuken 15
8. Getallen. Eenvoudige berekeningen 15
9. Getallen. Diversen 15
10. De belangrijkste werkwoorden. Deel 1 16
11. De belangrijkste werkwoorden. Deel 2 17
12. De belangrijkste werkwoorden. Deel 3 18
13. De belangrijkste werkwoorden. Deel 4 19
14. Kleuren 20
15. Vragen 20
16. Voorzetsels 21
17. Functiewoorden. Bijwoorden. Deel 1 21
18. Functiewoorden. Bijwoorden. Deel 2 23

Basisbegrippen Deel 2 25

19. Dagen van de week 25
20. Uren. Dag en nacht 25
21. Maanden. Seizoenen 26
22. Meeteenheden 28
23. Containers 29

MENS 30
Mens. Het lichaam 30

24. Hoofd 30
25. Menselijk lichaam 31

Kleding en accessoires 32

26. Bovenkleding. Jassen 32
27. Heren & dames kleding 32

28. Kleding. Ondergoed	33
29. Hoofddeksels	33
30. Schoeisel	33
31. Persoonlijke accessoires	34
32. Kleding. Diversen	34
33. Persoonlijke verzorging. Schoonheidsmiddelen	35
34. Horloges. Klokken	36

Voedsel. Voeding	37
35. Voedsel	37
36. Drankjes	38
37. Groenten	39
38. Vruchten. Noten	40
39. Brood. Snoep	41
40. Bereide gerechten	41
41. Kruiden	42
42. Maaltijden	43
43. Tafelschikking	44
44. Restaurant	44

Familie, verwanten en vrienden	45
45. Persoonlijke informatie. Formulieren	45
46. Familieleden. Verwanten	45

Geneeskunde	47
47. Ziekten	47
48. Symptomen. Behandelingen. Deel 1	48
49. Symptomen. Behandelingen. Deel 2	49
50. Symptomen. Behandelingen. Deel 3	50
51. Artsen	51
52. Geneeskunde. Medicijnen. Accessoires	51

HET MENSELIJKE LEEFGEBIED	53
Stad	53
53. Stad. Het leven in de stad	53
54. Stedelijke instellingen	54
55. Borden	55
56. Stedelijk vervoer	57
57. Bezienswaardigheden	57
58. Winkelen	58
59. Geld	59
60. Post. Postkantoor	60

Woning. Huis. Thuis	62
61. Huis. Elektriciteit	62

62. Villa. Herenhuis	62
63. Appartement	63
64. Meubels. Interieur	63
65. Beddengoed	64
66. Keuken	64
67. Badkamer	65
68. Huishoudelijke apparaten	66

MENSELIJKE ACTIVITEITEN 67
Baan. Business. Deel 1 67

69. Kantoor. Op kantoor werken	67
70. Bedrijfsprocessen. Deel 1	68
71. Bedrijfsprocessen. Deel 2	69
72. Productie. Werken	70
73. Contract. Overeenstemming	71
74. Import & Export	72
75. Financiën	72
76. Marketing	73
77. Reclame	74
78. Bankieren	74
79. Telefoon. Telefoongesprek	75
80. Mobiele telefoon	76
81. Schrijfbehoeften	76
82. Soorten bedrijven	77

Baan. Business. Deel 2 79

83. Show. Tentoonstelling	79
84. Wetenschap. Onderzoek. Wetenschappers	80

Beroepen en ambachten 82

85. Zoeken naar werk. Ontslag	82
86. Zakenmensen	82
87. Dienstverlenende beroepen	83
88. Militaire beroepen en rangen	84
89. Ambtenaren. Priesters	85
90. Agrarische beroepen	85
91. Kunst beroepen	86
92. Verschillende beroepen	86
93. Beroepen. Sociale status	88

Onderwijs 89

94. School	89
95. Hogeschool. Universiteit	90
96. Wetenschappen. Disciplines	91
97. Schrift. Spelling	91
98. Vreemde talen	92

Rusten. Entertainment. Reizen	94
99. Trip. Reizen	94
100. Hotel	94

TECHNISCHE APPARATUUR. VERVOER 96
Technische apparatuur 96

101. Computer	96
102. Internet. E-mail	97
103. Elektriciteit	98
104. Gereedschappen	98

Vervoer 101

105. Vliegtuig	101
106. Trein	102
107. Schip	103
108. Vliegveld	104

Gebeurtenissen in het leven 106

109. Vakanties. Evenement	106
110. Begrafenissen. Begrafenis	107
111. Oorlog. Soldaten	107
112. Oorlog. Militaire acties. Deel 1	108
113. Oorlog. Militaire acties. Deel 2	110
114. Wapens	111
115. Oude mensen	113
116. Middeleeuwen	114
117. Leider. Baas. Autoriteiten	115
118. De wet overtreden. Criminelen. Deel 1	116
119. De wet overtreden. Criminelen. Deel 2	117
120. Politie. Wet. Deel 1	118
121. Politie. Wet. Deel 2	119

NATUUR 121
De Aarde. Deel 1 121

122. De kosmische ruimte	121
123. De Aarde	122
124. Windrichtingen	123
125. Zee. Oceaan	123
126. Namen van zeeën en oceanen	124
127. Bergen	125
128. Bergen namen	126
129. Rivieren	126
130. Namen van rivieren	127
131. Bos	127
132. Natuurlijke hulpbronnen	128

De Aarde. Deel 2 — 130

133. Weer — 130
134. Zwaar weer. Natuurrampen — 131

Fauna — 132

135. Zoogdieren. Roofdieren — 132
136. Wilde dieren — 132
137. Huisdieren — 133
138. Vogels — 134
139. Vis. Zeedieren — 136
140. Amfibieën. Reptielen — 136
141. Insecten — 137

Flora — 138

142. Bomen — 138
143. Heesters — 138
144. Vruchten. Bessen — 139
145. Bloemen. Planten — 140
146. Granen, graankorrels — 141

LANDEN. NATIONALITEITEN — 142

147. West-Europa — 142
148. Centraal- en Oost-Europa — 142
149. Voormalige USSR landen — 143
150. Azië — 143
151. Noord-Amerika — 144
152. Midden- en Zuid-Amerika — 144
153. Afrika — 145
154. Australië. Oceanië — 145
155. Steden — 145

UITSPRAAKGIDS

T&P fonetisch alfabet	Grieks voorbeeld	Nederlands voorbeeld
[a]	**αγαπάω** [aɣapáo]	acht
[e]	**έπαινος** [épenos]	delen, spreken
[i]	**φυσικός** [fisikós]	bidden, tint
[o]	**οθόνη** [oθóni]	overeenkomst
[u]	**βουτάω** [vutáo]	hoed, doe
[b]	**καμπάνα** [kabána]	hebben
[d]	**ντετέκτιβ** [detéktiv]	Dank u, honderd
[f]	**ράμφος** [rámfos]	feestdag, informeren
[g]	**γκολφ** [golʲf]	goal, tango
[ɣ]	**γραβάτα** [ɣraváta]	liegen, gaan
[j]	**μπάιτ** [bájt]	New York, januari
[j̱]	**Αίγυπτος** [éj̱iptos]	New York, januari
[k]	**ακόντιο** [akóndio]	kennen, kleur
[lʲ]	**αλάτι** [alʲáti]	biljet, morille
[m]	**μάγος** [máɣos]	morgen, etmaal
[n]	**ασανσέρ** [asansér]	nemen, zonder
[p]	**βλέπω** [vlépo]	parallel, koper
[r]	**ρόμβος** [rómvos]	roepen, breken
[s]	**σαλάτα** [salʲáta]	spreken, kosten
[ð]	**πόδι** [póði]	Stemhebbende dentaal, Engels - there
[θ]	**λάθος** [lʲáθos]	Stemloze dentaal, Engels - thank you
[t]	**κινητό** [kinitó]	tomaat, taart
[ʧ]	**check-in** [ʧek-in]	Tsjechië, cello
[v]	**βραχιόλι** [vraxiólʲi]	beloven, schrijven
[x]	**νύχτα** [níxta]	licht, school
[w]	**ουίσκι** [wíski]	twee, willen
[z]	**κουζίνα** [kuzína]	zeven, zesde
[']	**έξι** [éksi]	hoofdklemtoon

AFKORTINGEN
gebruikt in de woordenschat

Nederlandse afkortingen

abn	-	als bijvoeglijk naamwoord
bijv.	-	bijvoorbeeld
bn	-	bijvoeglijk naamwoord
bw	-	bijwoord
enk.	-	enkelvoud
enz.	-	enzovoort
form.	-	formele taal
inform.	-	informele taal
mann.	-	mannelijk
mil.	-	militair
mv.	-	meervoud
on.ww.	-	onovergankelijk werkwoord
ontelb.	-	ontelbaar
ov.	-	over
ov.ww.	-	overgankelijk werkwoord
telb.	-	telbaar
vn	-	voornaamwoord
vrouw.	-	vrouwelijk
vw	-	voegwoord
vz	-	voorzetsel
wisk.	-	wiskunde
ww	-	werkwoord

Nederlandse artikelen

de	-	gemeenschappelijk geslacht
de/het	-	gemeenschappelijk geslacht, onzijdig
het	-	onzijdig

Griekse afkortingen

αρ.	-	mannelijk zelfstandig naamwoord
αρ.πλ.	-	mannelijk meervoud
αρ./θηλ.	-	mannelijk, vrouwelijk
θηλ.	-	vrouwelijk zelfstandig naamwoord
θηλ.πλ.	-	vrouwelijk meervoud

ουδ.	-	onzijdig
ουδ.πλ.	-	onzijdig meervoud
πλ.	-	meervoud

BASISBEGRIPPEN

Basisbegrippen Deel 1

1. Voornaamwoorden

ik	**εγώ**	[eɣó]
jij, je	**εσύ**	[esí]
hij	**αυτός**	[aftós]
zij, ze	**αυτή**	[aftí]
het	**αυτό**	[aftó]
wij, we	**εμείς**	[emís]
jullie	**εσείς**	[esís]

2. Begroetingen. Begroetingen. Afscheid

Hallo! Dag!	**Γεια σου!**	[ʝa su]
Hallo!	**Γεια σας!**	[ʝa sas]
Goedemorgen!	**Καλημέρα!**	[kaliméra]
Goedemiddag!	**Καλό απόγευμα!**	[kalʲó apóʝevma]
Goedenavond!	**Καλησπέρα!**	[kalispéra]
gedag zeggen (groeten)	**χαιρετώ**	[xeretó]
Hoi!	**Γεια!**	[ʝa]
groeten (het)	**χαιρετισμός** (αρ.)	[xeretizmós]
verwelkomen (ww)	**χαιρετώ**	[xeretó]
Is er nog nieuws?	**Τι νέα;**	[ti néa]
Tot snel! Tot ziens!	**Τα λέμε σύντομα!**	[ta léme síndoma]
Vaarwel! (inform.)	**Αντίο!**	[adío]
Vaarwel! (form.)	**Αντίο σας!**	[adío sas]
afscheid nemen (ww)	**αποχαιρετώ**	[apoxeretó]
Tot kijk!	**Γεια!**	[ʝa]
Dank u!	**Ευχαριστώ!**	[efxaristó]
Dank u wel!	**Ευχαριστώ πολύ!**	[efxaristó polí]
Graag gedaan	**Παρακαλώ**	[parakalʲó]
Geen dank!	**Δεν είναι τίποτα**	[ðen íne típota]
Geen moeite.	**Τίποτα**	[típota]
Excuseer me, ... (inform.)	**Με συγχωρείς!**	[me sinxorís]
Excuseer me, ... (form.)	**Με συγχωρείτε!**	[me sinxoríte]
excuseren (verontschuldigen)	**συγχωρώ**	[sinxoró]
zich verontschuldigen	**ζητώ συγνώμη**	[zitó siɣnómi]
Mijn excuses.	**Συγνώμη**	[siɣnómi]

Het spijt me!	**Με συγχωρείτε!**	[me sinxoríte]
vergeven (ww)	**συγχωρώ**	[sinxoró]
alsjeblieft	**παρακαλώ**	[parakaló]
Vergeet het niet!	**Μην ξεχάσετε!**	[min ksexásete]
Natuurlijk!	**Βεβαίως! Φυσικά!**	[vevéos], [fisiká]
Natuurlijk niet!	**Όχι βέβαια!**	[óxi vévea]
Akkoord!	**Συμφωνώ!**	[simfonó]
Zo is het genoeg!	**Αρκετά!**	[arketá]

3. Hoe aan te spreken

meneer	**Κύριε**	[kírie]
mevrouw	**Κυρία**	[kiría]
juffrouw	**Δεσποινίς**	[ðespinís]
jongeman	**Νεαρέ**	[nearé]
jongen	**Αγόρι**	[aɣóri]
meisje	**δεσποινίς**	[ðespinís]

4. Kardinale getallen. Deel 1

nul	**μηδέν**	[miðén]
een	**ένα**	[éna]
twee	**δύο**	[ðío]
drie	**τρία**	[tría]
vier	**τέσσερα**	[tésera]
vijf	**πέντε**	[pénde]
zes	**έξι**	[éksi]
zeven	**εφτά**	[eftá]
acht	**οχτώ**	[oxtó]
negen	**εννέα**	[enéa]
tien	**δέκα**	[ðéka]
elf	**ένδεκα**	[énðeka]
twaalf	**δώδεκα**	[ðóðeka]
dertien	**δεκατρία**	[ðekatría]
veertien	**δεκατέσσερα**	[ðekatésera]
vijftien	**δεκαπέντε**	[ðekapénde]
zestien	**δεκαέξι**	[ðekaéksi]
zeventien	**δεκαεφτά**	[ðekaeftá]
achttien	**δεκαοχτώ**	[ðekaoxtó]
negentien	**δεκαεννέα**	[ðekaenéa]
twintig	**είκοσι**	[íkosi]
eenentwintig	**είκοσι ένα**	[íkosi éna]
tweeëntwintig	**είκοσι δύο**	[ikosi ðío]
drieëntwintig	**είκοσι τρία**	[ikosi tría]
dertig	**τριάντα**	[triánda]
eenendertig	**τριάντα ένα**	[triánda éna]

| tweeëndertig | τριάντα δύο | [triánda ðío] |
| drieëndertig | τριάντα τρία | [triánda tría] |

veertig	σαράντα	[saránda]
eenenveertig	σαράντα ένα	[saránda éna]
tweeënveertig	σαράντα δύο	[saránda ðío]
drieënveertig	σαράντα τρία	[saránda tría]

vijftig	πενήντα	[penínda]
eenenvijftig	πενήντα ένα	[penínda éna]
tweeënvijftig	πενήντα δύο	[penínda ðío]
drieënvijftig	πενήντα τρία	[penínda tría]

zestig	εξήντα	[eksínda]
eenenzestig	εξήντα ένα	[eksínda éna]
tweeënzestig	εξήντα δύο	[eksínda ðío]
drieënzestig	εξήντα τρία	[eksínda tría]

zeventig	εβδομήντα	[evðomínda]
eenenzeventig	εβδομήντα ένα	[evðomínda éna]
tweeënzeventig	εβδομήντα δύο	[evðomínda ðío]
drieënzeventig	εβδομήντα τρία	[evðomínda tría]

tachtig	ογδόντα	[oɣðónda]
eenentachtig	ογδόντα ένα	[oɣðónda éna]
tweeëntachtig	ογδόντα δύο	[oɣðónda ðío]
drieëntachtig	ογδόντα τρία	[oɣðónda tría]

negentig	ενενήντα	[enenínda]
eenennegentig	ενενήντα ένα	[enenínda éna]
tweeënnegentig	ενενήντα δύο	[enenínda ðío]
drieënnegentig	ενενήντα τρία	[enenínda tría]

5. Kardinale getallen. Deel 2

honderd	εκατό	[ekató]
tweehonderd	διακόσια	[ðiakósia]
driehonderd	τριακόσια	[triakósia]
vierhonderd	τετρακόσια	[tetrakósia]
vijfhonderd	πεντακόσια	[pendakósia]

zeshonderd	εξακόσια	[eksakósia]
zevenhonderd	εφτακόσια	[eftakósia]
achthonderd	οχτακόσια	[oxtakósia]
negenhonderd	εννιακόσια	[eniakósia]

duizend	χίλια	[xília]
tweeduizend	δύο χιλιάδες	[ðío xiliáðes]
drieduizend	τρεις χιλιάδες	[tris xiliáðes]
tienduizend	δέκα χιλιάδες	[ðéka xiliáðes]
honderdduizend	εκατό χιλιάδες	[ekató xiliáðes]

| miljoen (het) | εκατομμύριο (ουδ.) | [ekatomírio] |
| miljard (het) | δισεκατομμύριο (ουδ.) | [ðisekatomírio] |

6. Ordinale getallen

eerste (bn)	**πρώτος**	[prótos]
tweede (bn)	**δεύτερος**	[ðéfteros]
derde (bn)	**τρίτος**	[trítos]
vierde (bn)	**τέταρτος**	[tétartos]
vijfde (bn)	**πέμπτος**	[pémptos]
zesde (bn)	**έκτος**	[éktos]
zevende (bn)	**έβδομος**	[évðomos]
achtste (bn)	**όγδοος**	[óɣðoos]
negende (bn)	**ένατος**	[énatos]
tiende (bn)	**δέκατος**	[ðékatos]

7. Getallen. Breuken

breukgetal (het)	**κλάσμα** (ουδ.)	[klʲázma]
half	**ένα δεύτερο**	[éna ðéftero]
een derde	**ένα τρίτο**	[éna tríto]
kwart	**ένα τέταρτο**	[éna tétarto]
een achtste	**ένα όγδοο**	[éna óɣðoo]
een tiende	**ένα δέκατο**	[éna ðékato]
twee derde	**δύο τρίτα**	[ðío tríta]
driekwart	**τρία τέταρτα**	[tría tétarta]

8. Getallen. Eenvoudige berekeningen

aftrekking (de)	**αφαίρεση** (θηλ.)	[aféresi]
aftrekken (ww)	**αφαιρώ**	[aferó]
deling (de)	**διαίρεση** (θηλ.)	[ðiéresi]
delen (ww)	**διαιρώ**	[ðieró]
optelling (de)	**πρόσθεση** (θηλ.)	[prósθesi]
erbij optellen (bij elkaar voegen)	**αθροίζω**	[aθrízo]
optellen (ww)	**προσθέτω**	[prosθéto]
vermenigvuldiging (de)	**πολλαπλασιασμός** (αρ.)	[polʲaplʲasiazmós]
vermenigvuldigen (ww)	**πολλαπλασιάζω**	[polʲaplʲasiázo]

9. Getallen. Diversen

cijfer (het)	**ψηφίο** (ουδ.)	[psifío]
nummer (het)	**αριθμός** (αρ.)	[ariθmós]
telwoord (het)	**αριθμητικό** (ουδ.)	[ariθmitikó]
minteken (het)	**μείον** (ουδ.)	[míon]
plusteken (het)	**συν** (ουδ.)	[sin]
formule (de)	**τύπος** (αρ.)	[típos]
berekening (de)	**υπολογισμός** (αρ.)	[ipolʲoʝizmós]

tellen (ww)	**μετράω**	[metráo]
bijrekenen (ww)	**υπολογίζω**	[ipolʲoʝízo]
vergelijken (ww)	**συγκρίνω**	[singríno]
Hoeveel? (ontelb.)	**Πόσο;**	[póso]
Hoeveel? (telb.)	**Πόσα;**	[pósa]
som (de), totaal (het)	**ποσό** (ουδ.)	[posó]
uitkomst (de)	**αποτέλεσμα** (ουδ.)	[apotélezma]
rest (de)	**υπόλοιπο** (ουδ.)	[ipólipo]
enkele (bijv. ~ minuten)	**μερικοί**	[merikí]
weinig (bw)	**λίγο**	[líɣo]
restant (het)	**υπόλοιπο** (ουδ.)	[ipólipo]
anderhalf	**ενάμισι** (ουδ.)	[enámisi]
dozijn (het)	**δωδεκάδα** (θηλ.)	[ðoðekáða]
middendoor (bw)	**στα δύο**	[sta ðío]
even (bw)	**ισομερώς**	[isomerós]
helft (de)	**μισό** (ουδ.)	[misó]
keer (de)	**φορά** (θηλ.)	[forá]

10. De belangrijkste werkwoorden. Deel 1

aanbevelen (ww)	**προτείνω**	[protíno]
aandringen (ww)	**επιμένω**	[epiméno]
aankomen (per auto, enz.)	**έρχομαι**	[érxome]
aanraken (ww)	**αγγίζω**	[angízo]
adviseren (ww)	**συμβουλεύω**	[simvulévo]
afdalen (on.ww.)	**κατεβαίνω**	[katevéno]
afslaan (naar rechts ~)	**στρίβω**	[strívo]
antwoorden (ww)	**απαντώ**	[apandó]
bang zijn (ww)	**φοβάμαι**	[fováme]
bedreigen (bijv. met een pistool)	**απειλώ**	[apilʲó]
bedriegen (ww)	**εξαπατώ**	[eksapató]
beëindigen (ww)	**τελειώνω**	[telióno]
beginnen (ww)	**αρχίζω**	[arxízo]
begrijpen (ww)	**καταλαβαίνω**	[katalʲavéno]
beheren (managen)	**διευθύνω**	[ðiefθíno]
beledigen (met scheldwoorden)	**προσβάλλω**	[prozválʲo]
beloven (ww)	**υπόσχομαι**	[ipósxome]
bereiden (koken)	**μαγειρεύω**	[maʝirévo]
bespreken (spreken over)	**συζητώ**	[sizitó]
bestellen (eten ~)	**παραγγέλνω**	[parangélʲno]
bestraffen (een stout kind ~)	**τιμωρώ**	[timoró]
betalen (ww)	**πληρώνω**	[pliróno]
betekenen (beduiden)	**σημαίνω**	[siméno]
betreuren (ww)	**λυπάμαι**	[lipáme]

bevallen (prettig vinden)	**μου αρέσει**	[mu arési]
bevelen (mil.)	**διατάζω**	[ðiatázo]
bevrijden (stad, enz.)	**απελευθερώνω**	[apelefθeróno]
bewaren (ww)	**διατηρώ**	[ðiatiró]
bezitten (ww)	**κατέχω**	[katéxo]
bidden (praten met God)	**προσεύχομαι**	[proséfxome]
binnengaan (een kamer ~)	**μπαίνω**	[béno]
breken (ww)	**σπάω**	[spáo]
controleren (ww)	**ελέγχω**	[elénxo]
creëren (ww)	**δημιουργώ**	[ðimiurɣó]
deelnemen (ww)	**συμμετέχω**	[simetéxo]
denken (ww)	**σκέφτομαι**	[skéftome]
doden (ww)	**σκοτώνω**	[skotóno]
doen (ww)	**κάνω**	[káno]
dorst hebben (ww)	**διψάω**	[ðipsáo]

11. De belangrijkste werkwoorden. Deel 2

een hint geven	**υπαινίσσομαι**	[ipenísome]
eisen (met klem vragen)	**απαιτώ**	[apetó]
existeren (bestaan)	**υπάρχω**	[ipárxo]
gaan (te voet)	**πηγαίνω**	[pijéno]
gaan zitten (ww)	**κάθομαι**	[káθome]
gaan zwemmen	**κάνω μπάνιο**	[káno bánio]
geven (ww)	**δίνω**	[ðíno]
glimlachen (ww)	**χαμογελάω**	[xamojelʲáo]
goed raden (ww)	**μαντεύω**	[mandévo]
grappen maken (ww)	**αστειεύομαι**	[astiévome]
graven (ww)	**σκάβω**	[skávo]
hebben (ww)	**έχω**	[éxo]
helpen (ww)	**βοηθώ**	[voiθó]
herhalen (opnieuw zeggen)	**επαναλαμβάνω**	[epanalʲamváno]
honger hebben (ww)	**πεινάω**	[pináo]
hopen (ww)	**ελπίζω**	[elʲpízo]
horen (waarnemen met het oor)	**ακούω**	[akúo]
huilen (wenen)	**κλαίω**	[kléo]
huren (huis, kamer)	**νοικιάζω**	[nikiázo]
informeren (informatie geven)	**πληροφορώ**	[pliroforó]
instemmen (akkoord gaan)	**συμφωνώ**	[simfonó]
jagen (ww)	**κυνηγώ**	[kiniɣó]
kennen (kennis hebben van iemand)	**γνωρίζω**	[ɣnorízo]
kiezen (ww)	**επιλέγω**	[epiléɣo]
klagen (ww)	**παραπονιέμαι**	[paraponiéme]
kosten (ww)	**κοστίζω**	[kostízo]
kunnen (ww)	**μπορώ**	[boró]

lachen (ww)	**γελάω**	[ʝelʲáo]
laten vallen (ww)	**ρίχνω**	[ríxno]
lezen (ww)	**διαβάζω**	[ðiavázo]
liefhebben (ww)	**αγαπάω**	[aɣapáo]
lunchen (ww)	**τρώω μεσημεριανό**	[tróo mesimerianó]
nemen (ww)	**παίρνω**	[pérno]
nodig zijn (ww)	**χρειάζομαι**	[xriázome]

12. De belangrijkste werkwoorden. Deel 3

onderschatten (ww)	**υποτιμώ**	[ipotimó]
ondertekenen (ww)	**υπογράφω**	[ipoɣráfo]
ontbijten (ww)	**παίρνω πρωινό**	[pérno proinó]
openen (ww)	**ανοίγω**	[aníɣo]
ophouden (ww)	**σταματώ**	[stamató]
opmerken (zien)	**παρατηρώ**	[paratiró]
opscheppen (ww)	**καυχιέμαι**	[kafxiéme]
opschrijven (ww)	**σημειώνω**	[simióno]
plannen (ww)	**σχεδιάζω**	[sxeðiázo]
prefereren (verkiezen)	**προτιμώ**	[protimó]
proberen (trachten)	**προσπαθώ**	[prospaθó]
redden (ww)	**σώζω**	[sózo]
rekenen op ...	**υπολογίζω σε ...**	[ipolʲoʝízo se]
rennen (ww)	**τρέχω**	[tréxo]
reserveren (een hotelkamer ~)	**κλείνω**	[klíno]
roepen (om hulp)	**καλώ**	[kalʲó]
schieten (ww)	**πυροβολώ**	[pirovolʲó]
schreeuwen (ww)	**φωνάζω**	[fonázo]
schrijven (ww)	**γράφω**	[ɣráfo]
souperen (ww)	**τρώω βραδινό**	[tróo vraðinó]
spelen (kinderen)	**παίζω**	[pézo]
spreken (ww)	**μιλάω**	[milʲáo]
stelen (ww)	**κλέβω**	[klévo]
stoppen (pauzeren)	**σταματάω**	[stamatáo]
studeren (Nederlands ~)	**μελετάω**	[meletáo]
sturen (zenden)	**στέλνω**	[stélʲno]
tellen (optellen)	**υπολογίζω**	[ipolʲoʝízo]
toebehoren aan ...	**ανήκω σε ...**	[aníko se]
toestaan (ww)	**επιτρέπω**	[epitrépo]
tonen (ww)	**δείχνω**	[ðíxno]
twijfelen (onzeker zijn)	**αμφιβάλλω**	[amfiválʲo]
uitgaan (ww)	**βγαίνω**	[vʝéno]
uitnodigen (ww)	**προσκαλώ**	[proskalʲó]
uitspreken (ww)	**προφέρω**	[proféro]
uitvaren tegen (ww)	**μαλώνω**	[malʲóno]

13. De belangrijkste werkwoorden. Deel 4

vallen (ww)	πέφτω	[péfto]
vangen (ww)	πιάνω	[piáno]
veranderen (anders maken)	αλλάζω	[alʲázo]
verbaasd zijn (ww)	εκπλήσσομαι	[ekplísome]
verbergen (ww)	κρύβω	[krívo]
verdedigen (je land ~)	υπερασπίζω	[iperaspízo]
verenigen (ww)	ενώνω	[enóno]
vergelijken (ww)	συγκρίνω	[singríno]
vergeten (ww)	ξεχνάω	[ksexnáo]
vergeven (ww)	συγχωρώ	[sinxoró]
verklaren (uitleggen)	εξηγώ	[eksiɣó]
verkopen (per stuk ~)	πουλώ	[pulʲó]
vermelden (praten over)	αναφέρω	[anaféro]
versieren (decoreren)	στολίζω	[stolízo]
vertalen (ww)	μεταφράζω	[metafrázo]
vertrouwen (ww)	εμπιστεύομαι	[embistévome]
vervolgen (ww)	συνεχίζω	[sinexízo]
verwarren (met elkaar ~)	μπερδεύω	[berðévo]
verzoeken (ww)	ζητώ	[zitó]
verzuimen (school, enz.)	απουσιάζω	[apusiázo]
vinden (ww)	βρίσκω	[vrísko]
vliegen (ww)	πετάω	[petáo]
volgen (ww)	ακολουθώ	[akolʲuθó]
voorstellen (ww)	προτείνω	[protíno]
voorzien (verwachten)	προβλέπω	[provlépo]
vragen (ww)	ρωτάω	[rotáo]
waarnemen (ww)	παρατηρώ	[paratiró]
waarschuwen (ww)	προειδοποιώ	[proiðopió]
wachten (ww)	περιμένω	[periméno]
weerspreken (ww)	αντιλέγω	[andiléɣo]
weigeren (ww)	αρνούμαι	[arnúme]
werken (ww)	δουλεύω	[ðulévo]
weten (ww)	ξέρω	[kséro]
willen (verlangen)	θέλω	[θélʲo]
zeggen (ww)	λέω	[léo]
zich haasten (ww)	βιάζομαι	[viázome]
zich interesseren voor ...	ενδιαφέρομαι	[enðiaférome]
zich vergissen (ww)	κάνω λάθος	[káno lʲáθos]
zich verontschuldigen	ζητώ συγγνώμη	[zitó siɣnómi]
zien (ww)	βλέπω	[vlépo]
zijn (ww)	είμαι	[íme]
zoeken (ww)	ψάχνω	[psáxno]
zwemmen (ww)	κολυμπώ	[kolibó]
zwijgen (ww)	σιωπώ	[siopó]

14. Kleuren

kleur (de)	**χρώμα** (ουδ.)	[xróma]
tint (de)	**απόχρωση** (θηλ.)	[apóxrosi]
kleurnuance (de)	**τόνος** (αρ.)	[tónos]
regenboog (de)	**ουράνιο τόξο** (ουδ.)	[uránio tókso]
wit (bn)	**λευκός, άσπρος**	[lefkós], [áspros]
zwart (bn)	**μαύρος**	[mávros]
grijs (bn)	**γκρίζος**	[grízos]
groen (bn)	**πράσινος**	[prásinos]
geel (bn)	**κίτρινος**	[kítrinos]
rood (bn)	**κόκκινος**	[kókinos]
blauw (bn)	**μπλε**	[ble]
lichtblauw (bn)	**γαλανός**	[ɣalʲanós]
roze (bn)	**ροζ**	[roz]
oranje (bn)	**πορτοκαλί**	[portokalí]
violet (bn)	**βιολετί**	[violetí]
bruin (bn)	**καφετής**	[kafetís]
goud (bn)	**χρυσός**	[xrisós]
zilverkleurig (bn)	**αργυρόχροος**	[arɣiróxroos]
beige (bn)	**μπεζ**	[bez]
roomkleurig (bn)	**κρεμ**	[krem]
turkoois (bn)	**τιρκουάζ, τουρκουάζ**	[tirkuáz], [turkuáz]
kersrood (bn)	**βυσσινής**	[visinís]
lila (bn)	**λιλά, λουλακής**	[lilʲá], [lʲulʲakís]
karmijnrood (bn)	**βαθυκόκκινος**	[vaθikókinos]
licht (bn)	**ανοιχτός**	[anixtós]
donker (bn)	**σκούρος**	[skúros]
fel (bn)	**έντονος**	[édonos]
kleur-, kleurig (bn)	**έγχρωμος**	[énxromos]
kleuren- (abn)	**έγχρωμος**	[énxromos]
zwart-wit (bn)	**ασπρόμαυρος**	[asprómavros]
eenkleurig (bn)	**μονόχρωμος**	[monóxromos]
veelkleurig (bn)	**πολύχρωμος**	[políxromos]

15. Vragen

Wie?	**Ποιος;**	[pios]
Wat?	**Τι;**	[ti]
Waar?	**Πού;**	[pú]
Waarheen?	**Πού;**	[pú]
Waarvandaan?	**Από πού;**	[apó pú]
Wanneer?	**Πότε;**	[póte]
Waarom?	**Γιατί;**	[ʝatí]
Waarom?	**Γιατί;**	[ʝatí]
Waarvoor dan ook?	**Γιατί;**	[ʝatí]

Hoe?	**Πώς;**	[pos]
Wat voor …?	**Ποιος;**	[pios]
Welk?	**Ποιος;**	[pios]
Aan wie?	**Σε ποιον;**	[se pion]
Over wie?	**Για ποιον;**	[ʝa pion]
Waarover?	**Για ποιο;**	[ʝa pio]
Met wie?	**Με ποιον;**	[me pion]
Hoeveel? (ontelb.)	**Πόσο;**	[póso]
Van wie? (mann.)	**Ποιανού;**	[pianú]

16. Voorzetsels

met (bijv. ~ beleg)	**με**	[me]
zonder (~ accent)	**χωρίς**	[xorís]
naar (in de richting van)	**σε**	[se]
over (praten ~)	**για**	[ʝa]
voor (in tijd)	**πριν**	[prin]
voor (aan de voorkant)	**μπροστά**	[brostá]
onder (lager dan)	**κάτω από**	[káto apó]
boven (hoger dan)	**πάνω από**	[páno apó]
op (bovenop)	**σε**	[se]
van (uit, afkomstig van)	**από**	[apó]
van (gemaakt van)	**από**	[apó]
over (bijv. ~ een uur)	**σε …**	[se …]
over (over de bovenkant)	**πάνω από**	[páno apó]

17. Functiewoorden. Bijwoorden. Deel 1

Waar?	**Πού;**	[pú]
hier (bw)	**εδώ**	[eðó]
daar (bw)	**εκεί**	[ekí]
ergens (bw)	**κάπου**	[kápu]
nergens (bw)	**πουθενά**	[puθená]
bij … (in de buurt)	**δίπλα**	[ðíplʲa]
bij het raam	**δίπλα στο παράθυρο**	[ðíplʲa sto paráθiro]
Waarheen?	**Πού;**	[pú]
hierheen (bw)	**εδώ**	[eðó]
daarheen (bw)	**εκεί**	[ekí]
hiervandaan (bw)	**αποδώ**	[apoðó]
daarvandaan (bw)	**αποκεί**	[apokí]
dichtbij (bw)	**κοντά**	[kondá]
ver (bw)	**μακριά**	[makriá]
in de buurt (van …)	**κοντά σε**	[kondá se]
dichtbij (bw)	**κοντά**	[kondá]

niet ver (bw)	**κοντά**	[kondá]
linker (bn)	**αριστερός**	[aristerós]
links (bw)	**στα αριστερά**	[sta aristerá]
linksaf, naar links (bw)	**αριστερά**	[aristerá]
rechter (bn)	**δεξιός**	[ðeksiós]
rechts (bw)	**στα δεξιά**	[sta ðeksiá]
rechtsaf, naar rechts (bw)	**δεξιά**	[ðeksiá]
vooraan (bw)	**μπροστά**	[brostá]
voorste (bn)	**μπροστινός**	[brostinós]
vooruit (bw)	**μπροστά**	[brostá]
achter (bw)	**πίσω**	[píso]
van achteren (bw)	**από πίσω**	[apó píso]
achteruit (naar achteren)	**πίσω**	[píso]
midden (het)	**μέση** (θηλ.)	[mési]
in het midden (bw)	**στη μέση**	[sti mési]
opzij (bw)	**από το πλάι**	[apó to plʲáj]
overal (bw)	**παντού**	[pandú]
omheen (bw)	**γύρω**	[ʝíro]
binnenuit (bw)	**από μέσα**	[apó mésa]
naar ergens (bw)	**κάπου**	[kápu]
rechtdoor (bw)	**κατ'ευθείαν**	[katefθían]
terug (bijv. ~ komen)	**πίσω**	[píso]
ergens vandaan (bw)	**από οπουδήποτε**	[apó opuðípote]
ergens vandaan (en dit geld moet ~ komen)	**από κάπου**	[apó kápu]
ten eerste (bw)	**πρώτον**	[próton]
ten tweede (bw)	**δεύτερον**	[ðéfteron]
ten derde (bw)	**τρίτον**	[tríton]
plotseling (bw)	**ξαφνικά**	[ksafniká]
in het begin (bw)	**στην αρχή**	[stin arxí]
voor de eerste keer (bw)	**πρώτη φορά**	[próti forá]
lang voor ... (bw)	**πολύ πριν από ...**	[polí prin apó]
opnieuw (bw)	**εκ νέου**	[ek néu]
voor eeuwig (bw)	**για πάντα**	[ʝa pánda]
nooit (bw)	**ποτέ**	[poté]
weer (bw)	**πάλι**	[páli]
nu (bw)	**τώρα**	[tóra]
vaak (bw)	**συχνά**	[sixná]
toen (bw)	**τότε**	[tóte]
urgent (bw)	**επειγόντως**	[epiɣóndos]
meestal (bw)	**συνήθως**	[siníθos]
trouwens, ... (tussen haakjes)	**παρεμπιπτόντως, ...**	[parembiptóndos]
mogelijk (bw)	**πιθανόν**	[piθanón]
waarschijnlijk (bw)	**πιθανόν**	[piθanón]

misschien (bw)	**ίσως**	[ísos]
trouwens (bw)	**εξάλλου ...**	[eksálʲu]
daarom ...	**συνεπώς**	[sinepós]
in weerwil van ...	**παρόλο που ...**	[parólʲo pu]
dankzij ...	**χάρη σε ...**	[xári se]
wat (vn)	**τι**	[ti]
dat (vw)	**ότι**	[óti]
iets (vn)	**κάτι**	[káti]
iets	**οτιδήποτε**	[otiðípote]
niets (vn)	**τίποτα**	[típota]
wie (~ is daar?)	**ποιος**	[pios]
iemand (een onbekende)	**κάποιος**	[kápios]
iemand (een bepaald persoon)	**κάποιος**	[kápios]
niemand (vn)	**κανένας**	[kanénas]
nergens (bw)	**πουθενά**	[puθená]
niemands (bn)	**κανενός**	[kanenós]
iemands (bn)	**κάποιου**	[kápiu]
zo (Ik ben ~ blij)	**έτσι**	[étsi]
ook (evenals)	**επίσης**	[epísis]
alsook (eveneens)	**επίσης**	[epísis]

18. Functiewoorden. Bijwoorden. Deel 2

Waarom?	**Γιατί;**	[jatí]
om een bepaalde reden	**για κάποιο λόγο**	[ja kápio lʲóɣo]
omdat ...	**διότι ...**	[ðióti]
voor een bepaald doel	**για κάποιο λόγο**	[ja kápio lʲóɣo]
en (vw)	**και**	[ke]
of (vw)	**ή**	[i]
maar (vw)	**μα**	[ma]
voor (vz)	**για**	[ja]
te (~ veel mensen)	**πάρα**	[pára]
alleen (bw)	**μόνο**	[móno]
precies (bw)	**ακριβώς**	[akrivós]
ongeveer (~ 10 kg)	**περίπου**	[perípu]
omstreeks (bw)	**κατά προσέγγιση**	[katá proséngisi]
bij benadering (bn)	**προσεγγιστικός**	[prosengistikós]
bijna (bw)	**σχεδόν**	[sxeðón]
rest (de)	**υπόλοιπο** (ουδ.)	[ipólipo]
elk (bn)	**κάθε**	[káθe]
om het even welk	**οποιοσδήποτε**	[opiozðípote]
veel mensen	**πολλοί**	[polí]
iedereen (alle personen)	**όλοι**	[óli]
in ruil voor ...	**... σε αντάλλαγμα**	[se andálʲaɣma]
in ruil (bw)	**σε αντάλλαγμα**	[se andálʲaɣma]

met de hand (bw)	**με το χέρι**	[me to xéri]
onwaarschijnlijk (bw)	**δύσκολα**	[ðískolʲa]
waarschijnlijk (bw)	**πιθανόν**	[piθanón]
met opzet (bw)	**επίτηδες**	[epítiðes]
toevallig (bw)	**κατά λάθος**	[katá lʲáθos]
zeer (bw)	**πολύ**	[polí]
bijvoorbeeld (bw)	**για παράδειγμα**	[ja paráðiɣma]
tussen (~ twee steden)	**μεταξύ**	[metaksí]
tussen (te midden van)	**ανάμεσα**	[anámesa]
zoveel (bw)	**τόσο πολύ**	[tóso polí]
vooral (bw)	**ιδιαίτερα**	[iðiétera]

Basisbegrippen Deel 2

19. Dagen van de week

maandag (de)	**Δευτέρα** (θηλ.)	[ðeftéra]
dinsdag (de)	**Τρίτη** (θηλ.)	[tríti]
woensdag (de)	**Τετάρτη** (θηλ.)	[tetárti]
donderdag (de)	**Πέμπτη** (θηλ.)	[pémpti]
vrijdag (de)	**Παρασκευή** (θηλ.)	[paraskeví]
zaterdag (de)	**Σάββατο** (ουδ.)	[sávato]
zondag (de)	**Κυριακή** (θηλ.)	[kiriakí]
vandaag (bw)	**σήμερα**	[símera]
morgen (bw)	**αύριο**	[ávrio]
overmorgen (bw)	**μεθαύριο**	[meθávrio]
gisteren (bw)	**χθες, χτες**	[xθes], [xtes]
eergisteren (bw)	**προχτές**	[proxtés]
dag (de)	**μέρα, ημέρα** (θηλ.)	[méra], [iméra]
werkdag (de)	**εργάσιμη μέρα** (θηλ.)	[erɣásimi méra]
feestdag (de)	**αργία** (θηλ.)	[arʝía]
verlofdag (de)	**ρεπό** (ουδ.)	[repó]
weekend (het)	**σαββατοκύριακο** (ουδ.)	[savatokíriako]
de hele dag (bw)	**όλη μέρα**	[óli méra]
de volgende dag (bw)	**την επόμενη μέρα**	[tinepómeni méra]
twee dagen geleden	**δύο μέρες πριν**	[ðío méres prin]
aan de vooravond (bw)	**την παραμονή**	[tin paramoní]
dag-, dagelijks (bn)	**καθημερινός**	[kaθimerinós]
elke dag (bw)	**καθημερινά**	[kaθimeriná]
week (de)	**εβδομάδα** (θηλ.)	[evðomáða]
vorige week (bw)	**την προηγούμενη εβδομάδα**	[tin proiɣúmeni evðomáda]
volgende week (bw)	**την επόμενη εβδομάδα**	[tin epómeni evðomáda]
wekelijks (bn)	**εβδομαδιαίος**	[evðomaðiéos]
elke week (bw)	**εβδομαδιαία**	[evðomaðiéa]
twee keer per week	**δύο φορές την εβδομάδα**	[dío forés tinevðomáda]
elke dinsdag	**κάθε Τρίτη**	[káθe tríti]

20. Uren. Dag en nacht

morgen (de)	**πρωί** (ουδ.)	[proí]
's morgens (bw)	**το πρωί**	[to proí]
middag (de)	**μεσημέρι**	[mesiméri]
's middags (bw)	**το απόγευμα**	[to apóʝevma]
avond (de)	**βράδυ** (ουδ.)	[vráði]
's avonds (bw)	**το βράδυ**	[to vráði]

nacht (de)	**νύχτα** (θηλ.)	[níxta]
's nachts (bw)	**τη νύχτα**	[ti níxta]
middernacht (de)	**μεσάνυχτα** (ουδ.πλ.)	[mesánixta]
seconde (de)	**δευτερόλεπτο** (ουδ.)	[ðefterólepto]
minuut (de)	**λεπτό** (ουδ.)	[leptó]
uur (het)	**ώρα** (θηλ.)	[óra]
halfuur (het)	**μισή ώρα** (θηλ.)	[misí óra]
kwartier (het)	**τέταρτο** (ουδ.)	[tétarto]
vijftien minuten	**δεκαπέντε λεπτά**	[ðekapénde leptá]
etmaal (het)	**εικοσιτετράωρο** (ουδ.)	[ikositetráoro]
zonsopgang (de)	**ανατολή** (θηλ.)	[anatolí]
dageraad (de)	**ξημέρωμα** (ουδ.)	[ksiméroma]
vroege morgen (de)	**νωρίς το πρωί** (ουδ.)	[norís to proí]
zonsondergang (de)	**ηλιοβασίλεμα** (ουδ.)	[iliovasílema]
's morgens vroeg (bw)	**νωρίς το πρωί**	[norís to proí]
vanmorgen (bw)	**σήμερα το πρωί**	[símera to proí]
morgenochtend (bw)	**αύριο το πρωί**	[ávrio to proí]
vanmiddag (bw)	**σήμερα το απόγευμα**	[símera to apójevma]
's middags (bw)	**το απόγευμα**	[to apójevma]
morgenmiddag (bw)	**αύριο το απόγευμα**	[ávrio to apójevma]
vanavond (bw)	**απόψε**	[apópse]
morgenavond (bw)	**αύριο το βράδυ**	[ávrio to vráði]
klokslag drie uur	**στις τρεις ακριβώς**	[stis tris akrivós]
ongeveer vier uur	**στις τέσσερις περίπου**	[stis téseris perípu]
tegen twaalf uur	**μέχρι τις δώδεκα**	[méxri tis ðóðeka]
over twintig minuten	**σε είκοσι λεπτά**	[se íkosi leptá]
over een uur	**σε μια ώρα**	[se mia óra]
op tijd (bw)	**έγκαιρα**	[éngera]
kwart voor ...	**παρά τέταρτο**	[pará tétarto]
binnen een uur	**μέσα σε μια ώρα**	[mésa se mia óra]
elk kwartier	**κάθε δεκαπέντε λεπτά**	[káθe ðekapénde leptá]
de klok rond	**όλο το εικοσιτετράωρο**	[ólo to ikositetráoro]

21. Maanden. Seizoenen

januari (de)	**Ιανουάριος** (αρ.)	[januários]
februari (de)	**Φεβρουάριος** (αρ.)	[fevruários]
maart (de)	**Μάρτιος** (αρ.)	[mártios]
april (de)	**Απρίλιος** (αρ.)	[aprílios]
mei (de)	**Μάιος** (αρ.)	[májos]
juni (de)	**Ιούνιος** (αρ.)	[iúnios]
juli (de)	**Ιούλιος** (αρ.)	[iúlios]
augustus (de)	**Αύγουστος** (αρ.)	[ávɣustos]
september (de)	**Σεπτέμβριος** (αρ.)	[septémvrios]
oktober (de)	**Οκτώβριος** (αρ.)	[októvrios]

november (de)	**Νοέμβριος** (αρ.)	[noémvrios]
december (de)	**Δεκέμβριος** (αρ.)	[ðekémvrios]
lente (de)	**άνοιξη** (θηλ.)	[ániksi]
in de lente (bw)	**την άνοιξη**	[tin águiksi]
lente- (abn)	**ανοιξιάτικος**	[aniksiátikos]
zomer (de)	**καλοκαίρι** (ουδ.)	[kalʲokéri]
in de zomer (bw)	**το καλοκαίρι**	[to kalʲokéri]
zomer-, zomers (bn)	**καλοκαιρινός**	[kalʲokerinós]
herfst (de)	**φθινόπωρο** (ουδ.)	[fθinóporo]
in de herfst (bw)	**το φθινόπωρο**	[to fθinóporo]
herfst- (abn)	**φθινοπωρινός**	[fθinoporinós]
winter (de)	**χειμώνας** (αρ.)	[ximónas]
in de winter (bw)	**το χειμώνα**	[to ximóna]
winter- (abn)	**χειμωνιάτικος**	[ximoniátikos]
maand (de)	**μήνας** (αρ.)	[mínas]
deze maand (bw)	**αυτόν το μήνα**	[aftón to mína]
volgende maand (bw)	**τον επόμενο μήνα**	[ton epómeno mína]
vorige maand (bw)	**τον προηγούμενο μήνα**	[ton proiɣúmeno mína]
een maand geleden (bw)	**ένα μήνα πριν**	[éna mína prin]
over een maand (bw)	**σε ένα μήνα**	[se éna mína]
over twee maanden (bw)	**σε δύο μήνες**	[se ðío mínes]
de hele maand (bw)	**ολόκληρος μήνας**	[olʲókliros mínas]
een volle maand (bw)	**ολόκληρος ο μήνας**	[olʲókliros o mínas]
maand-, maandelijks (bn)	**μηνιαίος**	[miniéos]
maandelijks (bw)	**μηνιαία**	[miniéa]
elke maand (bw)	**κάθε μήνα**	[káθe mína]
twee keer per maand	**δύο φορές το μήνα**	[ðío forés tomína]
jaar (het)	**χρόνος** (αρ.)	[xrónos]
dit jaar (bw)	**φέτος**	[fétos]
volgend jaar (bw)	**του χρόνου**	[tu xrónu]
vorig jaar (bw)	**πέρσι**	[pérsi]
een jaar geleden (bw)	**ένα χρόνο πριν**	[éna xróno prin]
over een jaar	**σε ένα χρόνο**	[se éna xróno]
over twee jaar	**σε δύο χρόνια**	[se ðío xrónia]
het hele jaar	**ολόκληρος χρόνος**	[olʲókliros oxrónos]
een vol jaar	**ολόκληρος ο χρόνος**	[olʲókliros o xrónos]
elk jaar	**κάθε χρόνο**	[káθe xróno]
jaar-, jaarlijks (bn)	**ετήσιος**	[etísios]
jaarlijks (bw)	**ετήσια**	[etísia]
4 keer per jaar	**τέσσερις φορές το χρόνο**	[teseris forés toxróno]
datum (de)	**ημερομηνία** (θηλ.)	[imerominía]
datum (de)	**ημερομηνία** (θηλ.)	[imerominía]
kalender (de)	**ημερολόγιο** (ουδ.)	[imerolʲójo]
een half jaar	**μισός χρόνος**	[misós xrónos]
zes maanden	**εξάμηνο** (ουδ.)	[eksámino]

seizoen (bijv. lente, zomer)	**εποχή** (θηλ.)	[epoxí]
eeuw (de)	**αιώνας** (αρ.)	[eónas]

22. Meeteenheden

gewicht (het)	**βάρος** (ουδ.)	[város]
lengte (de)	**μάκρος** (ουδ.)	[mákros]
breedte (de)	**πλάτος** (ουδ.)	[plʲátos]
hoogte (de)	**ύψος** (ουδ.)	[ípsos]
diepte (de)	**βάθος** (ουδ.)	[váθos]
volume (het)	**όγκος** (αρ.)	[óngos]
oppervlakte (de)	**εμβαδόν** (ουδ.)	[emvaðón]
gram (het)	**γραμμάριο** (ουδ.)	[ɣramário]
milligram (het)	**χιλιοστόγραμμο** (ουδ.)	[xiliostóɣramo]
kilogram (het)	**κιλό** (ουδ.)	[kilʲó]
ton (duizend kilo)	**τόνος** (αρ.)	[tónos]
pond (het)	**λίβρα** (θηλ.)	[lívra]
ons (het)	**ουγγιά** (θηλ.)	[ungiá]
meter (de)	**μέτρο** (ουδ.)	[métro]
millimeter (de)	**χιλιοστό** (ουδ.)	[xiliostó]
centimeter (de)	**εκατοστό** (ουδ.)	[ekatostó]
kilometer (de)	**χιλιόμετρο** (ουδ.)	[xiliómetro]
mijl (de)	**μίλι** (ουδ.)	[míli]
duim (de)	**ίντσα** (θηλ.)	[íntsa]
voet (de)	**πόδι** (ουδ.)	[póði]
yard (de)	**γιάρδα** (θηλ.)	[járða]
vierkante meter (de)	**τετραγωνικό μέτρο** (ουδ.)	[tetraɣonikó métro]
hectare (de)	**εκτάριο** (ουδ.)	[ektário]
liter (de)	**λίτρο** (ουδ.)	[lítro]
graad (de)	**βαθμός** (αρ.)	[vaθmós]
volt (de)	**βολτ** (ουδ.)	[volʲt]
ampère (de)	**αμπέρ** (ουδ.)	[ambér]
paardenkracht (de)	**ιπποδύναμη** (θηλ.)	[ipoðínami]
hoeveelheid (de)	**ποσότητα** (θηλ.)	[posótita]
een beetje ...	**λίγος ...**	[líɣos]
helft (de)	**μισό** (ουδ.)	[misó]
dozijn (het)	**δωδεκάδα** (θηλ.)	[ðoðekáða]
stuk (het)	**τεμάχιο** (ουδ.)	[temáxio]
afmeting (de)	**μέγεθος** (ουδ.)	[méjeθos]
schaal (bijv. ~ van 1 op 50)	**κλίμακα** (θηλ.)	[klímaka]
minimaal (bn)	**ελάχιστος**	[elʲáxistos]
minste (bn)	**μικρότερος**	[mikróteros]
medium (bn)	**μεσαίος**	[meséos]
maximaal (bn)	**μέγιστος**	[méjistos]
grootste (bn)	**μεγαλύτερος**	[meɣalíteros]

23. Containers

glazen pot (de)	**βάζο** (ουδ.)	[vázo]
blik (conserven~)	**κουτί** (ουδ.)	[kutí]
emmer (de)	**κουβάς** (αρ.)	[kuvás]
ton (bijv. regenton)	**βαρέλι** (ουδ.)	[varéli]
ronde waterbak (de)	**λεκάνη** (θηλ.)	[lekáni]
tank (bijv. watertank-70-ltr)	**δεξαμενή** (θηλ.)	[ðeksamení]
heupfles (de)	**φλασκί** (ουδ.)	[flʲaskí]
jerrycan (de)	**κάνιστρο** (ουδ.)	[kánistro]
tank (bijv. ketelwagen)	**δεξαμενή** (θηλ.)	[ðeksamení]
beker (de)	**κούπα** (θηλ.)	[kúpa]
kopje (het)	**φλιτζάνι** (ουδ.)	[flidzáni]
schoteltje (het)	**πιατάκι** (ουδ.)	[piatáki]
glas (het)	**ποτήρι** (ουδ.)	[potíri]
wijnglas (het)	**κρασοπότηρο** (ουδ.)	[krasopótiro]
pan (de)	**κατσαρόλα** (θηλ.)	[katsarólʲa]
fles (de)	**μπουκάλι** (ουδ.)	[bukáli]
flessenhals (de)	**λαιμός** (αρ.)	[lemós]
karaf (de)	**καράφα** (θηλ.)	[karáfa]
kruik (de)	**κανάτα** (θηλ.)	[kanáta]
vat (het)	**δοχείο** (ουδ.)	[ðoxío]
pot (de)	**πήλινο** (ουδ.)	[pílino]
vaas (de)	**βάζο** (ουδ.)	[vázo]
flacon (de)	**μπουκαλάκι** (ουδ.)	[bukalʲáki]
flesje (het)	**φιαλίδιο** (ουδ.)	[fialíðio]
tube (bijv. ~ tandpasta)	**σωληνάριο** (ουδ.)	[solinário]
zak (bijv. ~ aardappelen)	**σακί, τσουβάλι** (ουδ.)	[sakí], [tsuváli]
tasje (het)	**σακούλα** (θηλ.)	[sakúlʲa]
pakje (~ sigaretten, enz.)	**πακέτο** (ουδ.)	[pakéto]
doos (de)	**κουτί** (ουδ.)	[kutí]
kist (de)	**κιβώτιο** (ουδ.)	[kivótio]
mand (de)	**καλάθι** (ουδ.)	[kalʲáθi]

MENS

Mens. Het lichaam

24. Hoofd

hoofd (het)	**κεφάλι** (ουδ.)	[kefáli]
gezicht (het)	**πρόσωπο** (ουδ.)	[prósopo]
neus (de)	**μύτη** (θηλ.)	[míti]
mond (de)	**στόμα** (ουδ.)	[stóma]
oog (het)	**μάτι** (ουδ.)	[máti]
ogen (mv.)	**μάτια** (ουδ.πλ.)	[mátia]
pupil (de)	**κόρη** (θηλ.)	[kóri]
wenkbrauw (de)	**φρύδι** (ουδ.)	[fríði]
wimper (de)	**βλεφαρίδα** (θηλ.)	[vlefaríða]
ooglid (het)	**βλέφαρο** (ουδ.)	[vléfaro]
tong (de)	**γλώσσα** (θηλ.)	[ɣlʲósa]
tand (de)	**δόντι** (ουδ.)	[ðóndi]
lippen (mv.)	**χείλη** (ουδ.πλ.)	[xíli]
jukbeenderen (mv.)	**ζυγωματικά** (ουδ.πλ.)	[ziɣomatiká]
tandvlees (het)	**ούλο** (ουδ.)	[úlʲo]
gehemelte (het)	**ουρανίσκος** (αρ.)	[uranískos]
neusgaten (mv.)	**ρουθούνια** (ουδ.πλ.)	[ruθúnia]
kin (de)	**πηγούνι** (ουδ.)	[piɣúni]
kaak (de)	**σαγόνι** (ουδ.)	[saɣóni]
wang (de)	**μάγουλο** (ουδ.)	[máɣulʲo]
voorhoofd (het)	**μέτωπο** (ουδ.)	[métopo]
slaap (de)	**κρόταφος** (αρ.)	[krótafos]
oor (het)	**αυτί** (ουδ.)	[aftí]
achterhoofd (het)	**πίσω μέρος του κεφαλιού** (ουδ.)	[píso méros tu kefaliú]
hals (de)	**αυχένας , σβέρκος** (αρ.)	[afxénas], [svérkos]
keel (de)	**λαιμός** (αρ.)	[lemós]
haren (mv.)	**μαλλιά** (ουδ.πλ.)	[maliá]
kapsel (het)	**χτένισμα** (ουδ.)	[xténizma]
haarsnit (de)	**κούρεμα** (ουδ.)	[kúrema]
pruik (de)	**περούκα** (θηλ.)	[perúka]
snor (de)	**μουστάκι** (ουδ.)	[mustáki]
baard (de)	**μούσι** (ουδ.)	[músi]
dragen (een baard, enz.)	**φορώ**	[foró]
vlecht (de)	**κοτσίδα** (θηλ.)	[kotsíða]
bakkebaarden (mv.)	**φαβορίτες** (θηλ.πλ.)	[favorítes]
ros (roodachtig, rossig)	**κοκκινομάλλης**	[kokinomális]

grijs (~ haar)	**γκρίζος**	[grízos]
kaal (bn)	**φαλακρός**	[falakrós]
kale plek (de)	**φαλάκρα** (θηλ.)	[falʲákra]

paardenstaart (de)	**αλογοουρά** (θηλ.)	[alʲoɣourá]
pony (de)	**φράντζα** (θηλ.)	[frándza]

25. Menselijk lichaam

hand (de)	**χέρι** (ουδ.)	[xéri]
arm (de)	**χέρι** (ουδ.)	[xéri]

vinger (de)	**δάχτυλο** (ουδ.)	[ðáxtilʲo]
duim (de)	**αντίχειρας** (αρ.)	[andíxiras]
pink (de)	**μικρό δάχτυλο** (ουδ.)	[mikró ðáxtilʲo]
nagel (de)	**νύχι** (ουδ.)	[níxi]

vuist (de)	**γροθιά** (θηλ.)	[ɣroθxá]
handpalm (de)	**παλάμη** (θηλ.)	[palʲámi]
pols (de)	**καρπός** (αρ.)	[karpós]
voorarm (de)	**πήχης** (αρ.)	[píxis]
elleboog (de)	**αγκώνας** (αρ.)	[angónas]
schouder (de)	**ώμος** (αρ.)	[ómos]

been (rechter ~)	**πόδι** (ουδ.)	[póði]
voet (de)	**πόδι** (ουδ.)	[póði]
knie (de)	**γόνατο** (ουδ.)	[ɣónato]
kuit (de)	**γάμπα** (θηλ.)	[ɣámba]
heup (de)	**γοφός** (αρ.)	[ɣofós]
hiel (de)	**φτέρνα** (θηλ.)	[ftérna]

lichaam (het)	**σώμα** (ουδ.)	[sóma]
buik (de)	**κοιλιά** (θηλ.)	[kiliá]
borst (de)	**στήθος** (ουδ.)	[stíθos]
borst (de)	**στήθος** (ουδ.)	[stíθos]
zijde (de)	**λαγόνα** (θηλ.)	[lʲaɣóna]
rug (de)	**πλάτη** (θηλ.)	[plʲáti]
lage rug (de)	**οσφυική χώρα** (θηλ.)	[osfikí xóra]
taille (de)	**οσφύς** (θηλ.)	[osfís]

navel (de)	**ομφαλός** (αρ.)	[omfalʲós]
billen (mv.)	**οπίσθια** (ουδ.πλ.)	[opísθxa]
achterwerk (het)	**πισινός** (αρ.)	[pisinós]

huidvlek (de)	**ελιά** (θηλ.)	[eliá]
moedervlek (de)	**σημάδι εκ γενετής** (ουδ.)	[simáði ek jenetís]
tatoeage (de)	**τατουάζ** (ουδ.)	[tatuáz]
litteken (het)	**ουλή** (θηλ.)	[ulí]

Kleding en accessoires

26. Bovenkleding. Jassen

kleren (mv.)	**ενδύματα** (ουδ.πλ.)	[enðímata]
bovenkleding (de)	**πανωφόρια** (ουδ.πλ.)	[panofória]
winterkleding (de)	**χειμωνιάτικα ρούχα** (ουδ.πλ.)	[ximoniátika rúxa]
jas (de)	**παλτό** (ουδ.)	[palʲtó]
bontjas (de)	**γούνα** (θηλ.)	[ɣúna]
bontjasje (het)	**κοντογούνι** (ουδ.)	[kondoɣúni]
donzen jas (de)	**πουπουλένιο μπουφάν** (ουδ.)	[pupulénio bufán]
jasje (bijv. een leren ~)	**μπουφάν** (ουδ.)	[bufán]
regenjas (de)	**αδιάβροχο** (ουδ.)	[aðiávroxo]
waterdicht (bn)	**αδιάβροχος**	[aðiávroxos]

27. Heren & dames kleding

overhemd (het)	**πουκάμισο** (ουδ.)	[pukámiso]
broek (de)	**παντελόνι** (ουδ.)	[pandelʲóni]
jeans (de)	**τζιν** (ουδ.)	[dzin]
colbert (de)	**σακάκι** (ουδ.)	[sakáki]
kostuum (het)	**κοστούμι** (ουδ.)	[kostúmi]
jurk (de)	**φόρεμα** (ουδ.)	[fórema]
rok (de)	**φούστα** (θηλ.)	[fústa]
blouse (de)	**μπλούζα** (θηλ.)	[blʲúza]
wollen vest (de)	**ζακέτα** (θηλ.)	[zakéta]
blazer (kort jasje)	**σακάκι** (ουδ.)	[sakáki]
T-shirt (het)	**μπλουζάκι** (ουδ.)	[blʲuzáki]
shorts (mv.)	**σορτς** (ουδ.)	[sorts]
trainingspak (het)	**αθλητική φόρμα** (θηλ.)	[aθlitikí fórma]
badjas (de)	**μπουρνούζι** (ουδ.)	[burnúzi]
pyjama (de)	**πιτζάμα** (θηλ.)	[pidzáma]
sweater (de)	**πουλόβερ** (ουδ.)	[pulʲóver]
pullover (de)	**πουλόβερ** (ουδ.)	[pulʲóver]
gilet (het)	**γιλέκο** (ουδ.)	[ʝiléko]
rokkostuum (het)	**φράκο** (ουδ.)	[fráko]
smoking (de)	**σμόκιν** (ουδ.)	[smókin]
uniform (het)	**στολή** (θηλ.)	[stolí]
werkkleding (de)	**τα ρούχα της δουλειάς** (ουδ.πλ.)	[ta rúxa tis ðuliás]
overall (de)	**φόρμα** (θηλ.)	[fórma]
doktersjas (de)	**ρόμπα** (θηλ.)	[rómpa]

28. Kleding. Ondergoed

ondergoed (het)	**εσώρουχα** (ουδ.πλ.)	[esóruxa]
onderhemd (het)	**φανέλα** (θηλ.)	[fanélʲa]
sokken (mv.)	**κάλτσες** (θηλ.πλ.)	[kálʲtses]
nachthemd (het)	**νυχτικό** (ουδ.)	[nixtikó]
beha (de)	**σουτιέν** (ουδ.)	[sutién]
kniekousen (mv.)	**κάλτσες μέχρι το γόνατο** (θηλ.πλ.)	[kálʲtses méxri to γónato]
panty (de)	**καλτσόν** (ουδ.)	[kalʲtsón]
nylonkousen (mv.)	**κάλτσες** (θηλ.πλ.)	[kálʲtses]
badpak (het)	**μαγιό** (ουδ.)	[majió]

29. Hoofddeksels

hoed (de)	**καπέλο** (ουδ.)	[kapélʲo]
deukhoed (de)	**καπέλο, φεντόρα** (ουδ.)	[kapélʲo], [fedóra]
honkbalpet (de)	**καπέλο του μπέιζμπολ** (ουδ.)	[kapélʲo tu béjzbolʲ]
kleppet (de)	**κασκέτο** (ουδ.)	[kaskéto]
baret (de)	**μπερές** (αρ.)	[berés]
kap (de)	**κουκούλα** (θηλ.)	[kukúlʲa]
panamahoed (de)	**παναμάς** (αρ.)	[panamás]
gebreide muts (de)	**πλεκτό καπέλο** (ουδ.)	[plektó kapélʲo]
hoofddoek (de)	**μαντήλι** (ουδ.)	[mandíli]
dameshoed (de)	**γυναικείο καπέλο** (ουδ.)	[jinekío kapélʲo]
veiligheidshelm (de)	**κράνος** (ουδ.)	[krános]
veldmuts (de)	**δίκοχο** (ουδ.)	[ðíkoxo]
helm, valhelm (de)	**κράνος** (ουδ.)	[krános]
bolhoed (de)	**μπόουλερ** (αρ.)	[bóuler]
hoge hoed (de)	**ψηλό καπέλο** (ουδ.)	[psilʲó kapélʲo]

30. Schoeisel

schoeisel (het)	**υποδήματα** (ουδ.πλ.)	[ipoðímata]
schoenen (mv.)	**παπούτσια** (ουδ.πλ.)	[papútsia]
vrouwenschoenen (mv.)	**γόβες** (θηλ.πλ.)	[γóves]
laarzen (mv.)	**μπότες** (θηλ.πλ.)	[bótes]
pantoffels (mv.)	**παντόφλες** (θηλ.πλ.)	[pandófles]
sportschoenen (mv.)	**αθλητικά** (ουδ.πλ.)	[aθlitiká]
sneakers (mv.)	**αθλητικά παπούτσια** (ουδ.πλ.)	[aθlitiká papútsia]
sandalen (mv.)	**σανδάλια** (ουδ.)	[sanðália]
schoenlapper (de)	**τσαγκάρης** (αρ.)	[tsangáris]
hiel (de)	**τακούνι** (ουδ.)	[takúni]
paar (een ~ schoenen)	**ζευγάρι** (ουδ.)	[zevγári]

veter (de)	**κορδόνι** (ουδ.)	[korðóni]
rijgen (schoenen ~)	**δένω τα κορδόνια**	[ðéno ta korðónia]
schoenlepel (de)	**κόκκαλο παπουτσιών** (ουδ.)	[kókalʲo paputsion]
schoensmeer (de/het)	**κρέμα παπουτσιών** (θηλ.)	[kréma paputsión]

31. Persoonlijke accessoires

handschoenen (mv.)	**γάντια** (ουδ.πλ.)	[ɣándia]
sjaal (fleece ~)	**κασκόλ** (ουδ.)	[kaskólʲ]
bril (de)	**γυαλιά** (ουδ.πλ.)	[ʝaliá]
brilmontuur (het)	**σκελετός** (αρ.)	[skeletós]
paraplu (de)	**ομπρέλα** (θηλ.)	[ombrélʲa]
wandelstok (de)	**μπαστούνι** (ουδ.)	[bastúni]
haarborstel (de)	**βούρτσα** (θηλ.)	[vúrtsa]
waaier (de)	**βεντάλια** (θηλ.)	[vendália]
das (de)	**γραβάτα** (θηλ.)	[ɣraváta]
strikje (het)	**παπιγιόν** (ουδ.)	[papiʝón]
bretels (mv.)	**τιράντες** (θηλ.πλ.)	[tirándes]
zakdoek (de)	**μαντήλι** (ουδ.)	[mandíli]
kam (de)	**χτένα** (θηλ.)	[xténa]
haarspeldje (het)	**φουρκέτα** (θηλ.)	[furkéta]
schuifspeldje (het)	**φουρκέτα** (θηλ.)	[furkéta]
gesp (de)	**πόρπη** (θηλ.)	[pórpi]
broekriem (de)	**ζώνη** (θηλ.)	[zóni]
draagriem (de)	**λουρί** (αρ.)	[lʲurí]
handtas (de)	**τσάντα** (θηλ.)	[tsánda]
damestas (de)	**τσάντα** (θηλ.)	[tsánda]
rugzak (de)	**σακίδιο** (ουδ.)	[sakíðio]

32. Kleding. Diversen

mode (de)	**μόδα** (θηλ.)	[móða]
de mode (bn)	**της μόδας**	[tis móðas]
kledingstilist (de)	**σχεδιαστής** (αρ.)	[sxeðiastís]
kraag (de)	**γιακάς** (αρ.)	[ʝakás]
zak (de)	**τσέπη** (θηλ.)	[tsépi]
zak- (abn)	**της τσέπης**	[tis tsépis]
mouw (de)	**μανίκι** (ουδ.)	[maníki]
lusje (het)	**θηλιά** (θηλ.)	[θiliá]
gulp (de)	**φερμουάρ** (ουδ.)	[fermuár]
rits (de)	**φερμουάρ** (ουδ.)	[fermuár]
sluiting (de)	**κούμπωμα** (ουδ.)	[kúmboma]
knoop (de)	**κουμπί** (ουδ.)	[kumbí]
knoopsgat (het)	**κουμπότρυπα** (θηλ.)	[kumbótripa]
losraken (bijv. knopen)	**βγαίνω**	[vʝéno]

naaien (kleren, enz.)	**ράβω**	[rávo]
borduren (ww)	**κεντώ**	[kendó]
borduursel (het)	**κέντημα** (ουδ.)	[kéndima]
naald (de)	**βελόνα** (θηλ.)	[velʲóna]
draad (de)	**κλωστή** (θηλ.)	[klʲostí]
naad (de)	**ραφή** (θηλ.)	[rafí]
vies worden (ww)	**λερώνομαι**	[lerónome]
vlek (de)	**λεκές** (αρ.)	[lekés]
gekreukt raken (ov. kleren)	**τσαλακώνομαι**	[tsalʲakónome]
scheuren (ov.ww.)	**σκίζω**	[skízo]
mot (de)	**σκόρος** (αρ.)	[skóros]

33. Persoonlijke verzorging. Schoonheidsmiddelen

tandpasta (de)	**οδοντόκρεμα** (θηλ.)	[oðondókrema]
tandenborstel (de)	**οδοντόβουρτσα** (θηλ.)	[oðondóvutsa]
tanden poetsen (ww)	**πλένω τα δόντια**	[pléno ta ðóndia]
scheermes (het)	**ξυράφι** (ουδ.)	[ksiráfi]
scheerschuim (het)	**κρέμα ξυρίσματος** (θηλ.)	[kréma ksirízmatos]
zich scheren (ww)	**ξυρίζομαι**	[ksirízome]
zeep (de)	**σαπούνι** (ουδ.)	[sapúni]
shampoo (de)	**σαμπουάν** (ουδ.)	[sambuán]
schaar (de)	**ψαλίδι** (ουδ.)	[psalíði]
nagelvijl (de)	**λίμα νυχιών** (θηλ.)	[líma nixión]
nagelknipper (de)	**νυχοκόπτης** (αρ.)	[nixokóptis]
pincet (het)	**τσιμπιδάκι** (ουδ.)	[tsimbiðáki]
cosmetica (mv.)	**καλλυντικά** (ουδ.πλ.)	[kalindiká]
masker (het)	**μάσκα** (θηλ.)	[máska]
manicure (de)	**μανικιούρ** (ουδ.)	[manikiúr]
manicure doen	**κάνω μανικιούρ**	[káno manikiúr]
pedicure (de)	**πεντικιούρ** (ουδ.)	[pedikiúr]
cosmetica tasje (het)	**τσαντάκι καλλυντικών** (ουδ.)	[tsandáki kalindikón]
poeder (de/het)	**πούδρα** (θηλ.)	[púðra]
poederdoos (de)	**πουδριέρα** (θηλ.)	[puðriéra]
rouge (de)	**ρουζ** (ουδ.)	[ruz]
parfum (de/het)	**άρωμα** (ουδ.)	[ároma]
eau de toilet (de)	**κολόνια** (θηλ.)	[kolʲónia]
lotion (de)	**λοσιόν** (θηλ.)	[lʲosión]
eau de cologne (de)	**κολόνια** (θηλ.)	[kolʲónia]
oogschaduw (de)	**σκιά ματιών** (θηλ.)	[skiá matión]
oogpotlood (het)	**μολύβι ματιών** (ουδ.)	[molívi matión]
mascara (de)	**μάσκαρα** (θηλ.)	[máskara]
lippenstift (de)	**κραγιόν** (ουδ.)	[krajión]
nagellak (de)	**βερνίκι νυχιών** (ουδ.)	[verníki nixión]
haarlak (de)	**λακ μαλλιών** (ουδ.)	[lʲak malión]

deodorant (de)	**αποσμητικό** (ουδ.)	[apozmitikó]
crème (de)	**κρέμα** (θηλ.)	[kréma]
gezichtscrème (de)	**κρέμα προσώπου** (θηλ.)	[kréma prosópu]
handcrème (de)	**κρέμα χεριών** (θηλ.)	[kréma xerión]
antirimpelcrème (de)	**αντιρυτιδική κρέμα** (θηλ.)	[andiritiðikí kréma]
dagcrème (de)	**κρέμα ημέρας** (θηλ.)	[kréma iméras]
nachtcrème (de)	**κρέμα νυκτός** (θηλ.)	[kréma niktós]
tampon (de)	**ταμπόν** (ουδ.)	[tabón]
toiletpapier (het)	**χαρτί υγείας** (ουδ.)	[xartí i̯jías]
föhn (de)	**πιστολάκι** (ουδ.)	[pistolʲáki]

34. Horloges. Klokken

polshorloge (het)	**ρολόι χειρός** (ουδ.)	[rolʲój xirós]
wijzerplaat (de)	**πλάκα ρολογιού** (θηλ.)	[plʲáka rolʲoj̯ú]
wijzer (de)	**δείκτης** (αρ.)	[ðíktis]
metalen horlogeband (de)	**μπρασελέ** (ουδ.)	[braselé]
horlogebandje (het)	**λουράκι** (ουδ.)	[lʲuráki]
batterij (de)	**μπαταρία** (θηλ.)	[bataría]
leeg zijn (ww)	**εξαντλούμαι**	[eksantlʲúme]
batterij vervangen	**αλλάζω μπαταρία**	[alʲázo bataría]
voorlopen (ww)	**πηγαίνω μπροστά**	[pi̯jéno brostá]
achterlopen (ww)	**πηγαίνω πίσω**	[pi̯jéno píso]
wandklok (de)	**ρολόι τοίχου** (ουδ.)	[rolʲój tíxu]
zandloper (de)	**κλεψύδρα** (θηλ.)	[klepsíðra]
zonnewijzer (de)	**ηλιακό ρολόι** (ουδ.)	[iliakó rolʲój]
wekker (de)	**ξυπνητήρι** (ουδ.)	[ksipnitíri]
horlogemaker (de)	**ωρολογοποιός** (αρ.)	[orolʲoɣopiós]
repareren (ww)	**επισκευάζω**	[episkevázo]

T&F Books. Thematische woordenschat Nederlands-Grieks - 5000 woorden

Voedsel. Voeding

35. Voedsel

Nederlands	Grieks	Uitspraak
vlees (het)	κρέας (ουδ.)	[kréas]
kip (de)	κότα (θηλ.)	[kóta]
kuiken (het)	κοτόπουλο (ουδ.)	[kotópulʲo]
eend (de)	πάπια (θηλ.)	[pápia]
gans (de)	χήνα (θηλ.)	[xína]
wild (het)	θήραμα (ουδ.)	[θírama]
kalkoen (de)	γαλοπούλα (θηλ.)	[ɣalʲopúlʲa]
varkensvlees (het)	χοιρινό κρέας (ουδ.)	[xirinó kréas]
kalfsvlees (het)	μοσχαρίσιο κρέας (ουδ.)	[mosxarísio kréas]
schapenvlees (het)	αρνήσιο κρέας (ουδ.)	[arnísio kréas]
rundvlees (het)	βοδινό κρέας (ουδ.)	[voðinó kréas]
konijnenvlees (het)	κουνέλι (ουδ.)	[kunéli]
worst (de)	λουκάνικο (ουδ.)	[lʲukániko]
saucijs (de)	λουκάνικο (ουδ.)	[lʲukániko]
spek (het)	μπέικον (ουδ.)	[béjkon]
ham (de)	ζαμπόν (ουδ.)	[zabón]
gerookte achterham (de)	καπνιστό χοιρομέρι (ουδ.)	[kapnistó xiroméri]
paté (de)	πατέ (ουδ.)	[paté]
lever (de)	συκώτι (ουδ.)	[sikóti]
gehakt (het)	κιμάς (αρ.)	[kimás]
tong (de)	γλώσσα (θηλ.)	[ɣlʲósa]
ei (het)	αυγό (ουδ.)	[avɣó]
eieren (mv.)	αυγά (ουδ.πλ.)	[avɣá]
eiwit (het)	ασπράδι (ουδ.)	[aspráði]
eigeel (het)	κρόκος (αρ.)	[krókos]
vis (de)	ψάρι (ουδ.)	[psári]
zeevruchten (mv.)	θαλασσινά (θηλ.πλ.)	[θalʲasiná]
kaviaar (de)	χαβιάρι (ουδ.)	[xaviári]
krab (de)	καβούρι (ουδ.)	[kavúri]
garnaal (de)	γαρίδα (θηλ.)	[ɣaríða]
oester (de)	στρείδι (ουδ.)	[stríði]
langoest (de)	ακανθωτός αστακός (αρ.)	[akanθotós astakós]
octopus (de)	χταπόδι (ουδ.)	[xtapóði]
inktvis (de)	καλαμάρι (ουδ.)	[kalʲamári]
steur (de)	οξύρυγχος (αρ.)	[oksírinxos]
zalm (de)	σολομός (αρ.)	[solʲomós]
heilbot (de)	ιππόγλωσσος (αρ.)	[ipóɣlʲosos]
kabeljauw (de)	μπακαλιάρος (αρ.)	[bakaliáros]
makreel (de)	σκουμπρί (ουδ.)	[skumbrí]

| tonijn (de) | τόνος (αρ.) | [tónos] |
| paling (de) | χέλι (ουδ.) | [xéli] |

forel (de)	πέστροφα (θηλ.)	[péstrofa]
sardine (de)	σαρδέλα (θηλ.)	[sarðélʲa]
snoek (de)	λούτσος (αρ.)	[lʲútsos]
haring (de)	ρέγγα (θηλ.)	[rénga]

brood (het)	ψωμί (ουδ.)	[psomí]
kaas (de)	τυρί (ουδ.)	[tirí]
suiker (de)	ζάχαρη (θηλ.)	[záxari]
zout (het)	αλάτι (ουδ.)	[alʲáti]

rijst (de)	ρύζι (ουδ.)	[rízi]
pasta (de)	ζυμαρικά (ουδ.πλ.)	[zimariká]
noedels (mv.)	νουντλς (ουδ.πλ.)	[nudls]

boter (de)	βούτυρο (ουδ.)	[vútiro]
plantaardige olie (de)	φυτικό λάδι (ουδ.)	[fitikó lʲáði]
zonnebloemolie (de)	ηλιέλαιο (ουδ.)	[iliéleo]
margarine (de)	μαργαρίνη (θηλ.)	[marɣaríni]

| olijven (mv.) | ελιές (θηλ.πλ.) | [eliés] |
| olijfolie (de) | ελαιόλαδο (ουδ.) | [eleólʲaðo] |

melk (de)	γάλα (ουδ.)	[ɣálʲa]
gecondenseerde melk (de)	συμπυκνωμένο γάλα (ουδ.)	[simbiknoméno ɣálʲa]
yoghurt (de)	γιαούρτι (ουδ.)	[jaúrti]
zure room (de)	ξινή κρέμα (θηλ.)	[ksiní kréma]
room (de)	κρέμα γάλακτος (θηλ.)	[kréma ɣálʲaktos]

| mayonaise (de) | μαγιονέζα (θηλ.) | [majonéza] |
| crème (de) | κρέμα (θηλ.) | [kréma] |

graan (het)	πλιγούρι (ουδ.)	[pliɣúri]
meel (het), bloem (de)	αλεύρι (ουδ.)	[alévri]
conserven (mv.)	κονσέρβες (θηλ.πλ.)	[konsérves]

maïsvlokken (mv.)	κορν φλέικς (ουδ.πλ.)	[kornfléjks]
honing (de)	μέλι (ουδ.)	[méli]
jam (de)	μαρμελάδα (θηλ.)	[marmelʲáða]
kauwgom (de)	τσίχλα (θηλ.)	[tsíxlʲa]

36. Drankjes

water (het)	νερό (ουδ.)	[neró]
drinkwater (het)	πόσιμο νερό (ουδ.)	[pósimo neró]
mineraalwater (het)	μεταλλικό νερό (ουδ.)	[metalikó neró]

zonder gas	χωρίς ανθρακικό	[xorís anθrakikó]
koolzuurhoudend (bn)	ανθρακούχος	[anθrakúxos]
bruisend (bn)	ανθρακούχο	[anθrakúxo]
ijs (het)	πάγος (αρ.)	[páɣos]
met ijs	με πάγο	[me páɣo]

alcohol vrij (bn)	χωρίς αλκοόλ	[xorís alʲkoólʲ]
alcohol vrije drank (de)	αναψυκτικό (ουδ.)	[anapsiktikó]
frisdrank (de)	αναψυκτικό (ουδ.)	[anapsiktikó]
limonade (de)	λεμονάδα (θηλ.)	[lemonáða]
alcoholische dranken (mv.)	αλκοολούχα ποτά (ουδ.πλ.)	[alʲkoolʲúxa potá]
wijn (de)	κρασί (ουδ.)	[krasí]
witte wijn (de)	λευκό κρασί (ουδ.)	[lefkó krasí]
rode wijn (de)	κόκκινο κρασί (ουδ.)	[kókino krasí]
likeur (de)	λικέρ (ουδ.)	[likér]
champagne (de)	σαμπάνια (θηλ.)	[sambánia]
vermout (de)	βερμούτ (ουδ.)	[vermút]
whisky (de)	ουίσκι (ουδ.)	[wíski]
wodka (de)	βότκα (θηλ.)	[vótka]
gin (de)	τζιν (ουδ.)	[dzin]
cognac (de)	κονιάκ (ουδ.)	[konják]
rum (de)	ρούμι (ουδ.)	[rúmi]
koffie (de)	καφές (αρ.)	[kafés]
zwarte koffie (de)	σκέτος καφές (αρ.)	[skétos kafés]
koffie (de) met melk	καφές με γάλα (αρ.)	[kafés me ɣálʲa]
cappuccino (de)	καπουτσίνο (αρ.)	[kaputsíno]
oploskoffie (de)	στιγμιαίος καφές (αρ.)	[stiɣmiéos kafes]
melk (de)	γάλα (ουδ.)	[ɣálʲa]
cocktail (de)	κοκτέιλ (ουδ.)	[koktéjlʲ]
milkshake (de)	μιλκσέικ (ουδ.)	[milʲkséjk]
sap (het)	χυμός (αρ.)	[ximós]
tomatensap (het)	χυμός ντομάτας (αρ.)	[ximós domátas]
sinaasappelsap (het)	χυμός πορτοκαλιού (αρ.)	[ximós portokaliú]
vers geperst sap (het)	φρέσκος χυμός (αρ.)	[fréskos ximós]
bier (het)	μπύρα (θηλ.)	[bíra]
licht bier (het)	ανοιχτόχρωμη μπύρα (θηλ.)	[anixtóxromi bíra]
donker bier (het)	σκούρα μπύρα (θηλ.)	[skúra bíra]
thee (de)	τσάι (ουδ.)	[tsáj]
zwarte thee (de)	μαύρο τσάι (ουδ.)	[mávro tsaj]
groene thee (de)	πράσινο τσάι (ουδ.)	[prásino tsaj]

37. Groenten

groenten (mv.)	λαχανικά (ουδ.πλ.)	[lʲaxaniká]
verse kruiden (mv.)	χόρτα (ουδ.)	[xórta]
tomaat (de)	ντομάτα (θηλ.)	[domáta]
augurk (de)	αγγούρι (ουδ.)	[angúri]
wortel (de)	καρότο (ουδ.)	[karóto]
aardappel (de)	πατάτα (θηλ.)	[patáta]
ui (de)	κρεμμύδι (ουδ.)	[kremíði]
knoflook (de)	σκόρδο (ουδ.)	[skórðo]

kool (de)	λάχανο (ουδ.)	[lʲáxano]
bloemkool (de)	κουνουπίδι (ουδ.)	[kunupíði]
spruitkool (de)	λαχανάκι Βρυξελλών (ουδ.)	[lʲaxanáki vrikselʲón]
broccoli (de)	μπρόκολο (ουδ.)	[brókolʲo]

rode biet (de)	παντζάρι (ουδ.)	[pandzári]
aubergine (de)	μελιτζάνα (θηλ.)	[melidzána]
courgette (de)	κολοκύθι (ουδ.)	[kolʲokíθi]
pompoen (de)	κολοκύθα (θηλ.)	[kolʲokíθa]
raap (de)	γογγύλι (ουδ.), ρέβα (θηλ.)	[ɣongíli], [réva]

peterselie (de)	μαϊντανός (αρ.)	[majdanós]
dille (de)	άνηθος (αρ.)	[ániθos]
sla (de)	μαρούλι (ουδ.)	[marúli]
selderij (de)	σέλινο (ουδ.)	[sélino]
asperge (de)	σπαράγγι (ουδ.)	[sparángi]
spinazie (de)	σπανάκι (ουδ.)	[spanáki]

erwt (de)	αρακάς (αρ.)	[arakás]
bonen (mv.)	κουκί (ουδ.)	[kukí]
maïs (de)	καλαμπόκι (ουδ.)	[kalʲambóki]
nierboon (de)	κόκκινο φασόλι (ουδ.)	[kókino fasóli]

peper (de)	πιπεριά (θηλ.)	[piperiá]
radijs (de)	ρεπανάκι (ουδ.)	[repanáki]
artisjok (de)	αγκινάρα (θηλ.)	[anginára]

38. Vruchten. Noten

vrucht (de)	φρούτο (ουδ.)	[frúto]
appel (de)	μήλο (ουδ.)	[mílʲo]
peer (de)	αχλάδι (ουδ.)	[axlʲáði]
citroen (de)	λεμόνι (ουδ.)	[lemóni]
sinaasappel (de)	πορτοκάλι (ουδ.)	[portokáli]
aardbei (de)	φράουλα (θηλ.)	[fráulʲa]

mandarijn (de)	μανταρίνι (ουδ.)	[mandaríni]
pruim (de)	δαμάσκηνο (ουδ.)	[ðamáskino]
perzik (de)	ροδάκινο (ουδ.)	[roðákino]
abrikoos (de)	βερίκοκο (ουδ.)	[veríkoko]
framboos (de)	σμέουρο (ουδ.)	[zméuro]
ananas (de)	ανανάς (αρ.)	[ananás]

banaan (de)	μπανάνα (θηλ.)	[banána]
watermeloen (de)	καρπούζι (ουδ.)	[karpúzi]
druif (de)	σταφύλι (ουδ.)	[stafíli]
zure kers (de)	βύσσινο (ουδ.)	[vísino]
zoete kers (de)	κεράσι (ουδ.)	[kerási]
meloen (de)	πεπόνι (ουδ.)	[pepóni]

grapefruit (de)	γκρέιπφρουτ (ουδ.)	[gréjpfrut]
avocado (de)	αβοκάντο (ουδ.)	[avokádo]
papaja (de)	παπάγια (θηλ.)	[papája]
mango (de)	μάγκο (ουδ.)	[mángo]

granaatappel (de)	**ρόδι** (ουδ.)	[róði]
rode bes (de)	**κόκκινο φραγκοστάφυλο** (ουδ.)	[kókino frangostáfilʲo]
zwarte bes (de)	**μαύρο φραγκοστάφυλο** (ουδ.)	[mávro frangostáfilʲo]
kruisbes (de)	**λαγοκέρασο** (ουδ.)	[lʲaɣokéraso]
blauwe bosbes (de)	**μύρτιλλο** (ουδ.)	[mírtilʲo]
braambes (de)	**βατόμουρο** (ουδ.)	[vatómuro]
rozijn (de)	**σταφίδα** (θηλ.)	[stafíða]
vijg (de)	**σύκο** (ουδ.)	[síko]
dadel (de)	**χουρμάς** (αρ.)	[xurmás]
pinda (de)	**φυστίκι** (ουδ.)	[fistíki]
amandel (de)	**αμύγδαλο** (ουδ.)	[amíɣðalʲo]
walnoot (de)	**καρύδι** (ουδ.)	[kaíði]
hazelnoot (de)	**φουντούκι** (ουδ.)	[fundúki]
kokosnoot (de)	**καρύδα** (θηλ.)	[kaíða]
pistaches (mv.)	**φυστίκια** (ουδ.πλ.)	[fistíkia]

39. Brood. Snoep

suikerbakkerij (de)	**ζαχαροπλαστική** (θηλ.)	[zaxaroplʲastikí]
brood (het)	**ψωμί** (ουδ.)	[psomí]
koekje (het)	**μπισκότο** (ουδ.)	[biskóto]
chocolade (de)	**σοκολάτα** (θηλ.)	[sokolʲáta]
chocolade- (abn)	**σοκολατένιος**	[sokolʲaténios]
snoepje (het)	**καραμέλα** (θηλ.)	[karamélʲa]
cakeje (het)	**κέικ** (ουδ.)	[kéjk]
taart (bijv. verjaardags~)	**τούρτα** (θηλ.)	[túrta]
pastei (de)	**πίτα** (θηλ.)	[píta]
vulling (de)	**γέμιση** (θηλ.)	[jémisi]
confituur (de)	**μαρμελάδα** (θηλ.)	[marmelʲáða]
marmelade (de)	**μαρμελάδα** (θηλ.)	[marmelʲáða]
wafel (de)	**γκοφρέτες** (θηλ.πλ.)	[gofrétes]
ijsje (het)	**παγωτό** (ουδ.)	[paɣotó]

40. Bereide gerechten

gerecht (het)	**πιάτο** (ουδ.)	[piáto]
keuken (bijv. Franse ~)	**κουζίνα** (θηλ.)	[kuzína]
recept (het)	**συνταγή** (θηλ.)	[sindají]
portie (de)	**μερίδα** (θηλ.)	[meríða]
salade (de)	**σαλάτα** (θηλ.)	[salʲáta]
soep (de)	**σούπα** (θηλ.)	[súpa]
bouillon (de)	**ζωμός** (αρ.)	[zomós]
boterham (de)	**σάντουιτς** (ουδ.)	[sánduits]

spiegelei (het)	τηγανητά αυγά (ουδ.πλ.)	[tiɣanitá avɣá]
hamburger (de)	χάμπουργκερ (ουδ.)	[xámburger]
biefstuk (de)	μπριζόλα (θηλ.)	[brizólʲa]

garnering (de)	συνοδευτικό πιάτο (ουδ.)	[sinoðeftikó piáto]
spaghetti (de)	σπαγγέτι (ουδ.)	[spagéti]
aardappelpuree (de)	πουρές (αρ.)	[purés]
pizza (de)	πίτσα (θηλ.)	[pítsa]
omelet (de)	ομελέτα (θηλ.)	[omeléta]

gekookt (in water)	βραστός	[vrastós]
gerookt (bn)	καπνιστός	[kapnistós]
gebakken (bn)	τηγανητός	[tiɣanitós]
gedroogd (bn)	αποξηραμένος	[apoksiraménos]
diepvries (bn)	κατεψυγμένος	[katepsiɣménos]
gemarineerd (bn)	τουρσί	[tursí]

zoet (bn)	γλυκός	[ɣlikós]
gezouten (bn)	αλμυρός	[alʲmirós]
koud (bn)	κρύος	[kríos]
heet (bn)	ζεστός	[zestós]
bitter (bn)	πικρός	[pikrós]
lekker (bn)	νόστιμος	[nóstimos]

koken (in kokend water)	βράζω	[vrázo]
bereiden (avondmaaltijd ~)	μαγειρεύω	[majirévo]
bakken (ww)	τηγανίζω	[tiɣanízo]
opwarmen (ww)	ζεσταίνω	[zesténo]

zouten (ww)	αλατίζω	[alʲatízo]
peperen (ww)	πιπερώνω	[piperóno]
raspen (ww)	τρίβω	[trívo]
schil (de)	φλούδα (θηλ.)	[flʲúða]
schillen (ww)	καθαρίζω	[kaθarízo]

41. Kruiden

zout (het)	αλάτι (ουδ.)	[alʲáti]
gezouten (bn)	αλμυρός	[alʲmirós]
zouten (ww)	αλατίζω	[alʲatízo]

zwarte peper (de)	μαύρο πιπέρι (ουδ.)	[mávro pipéri]
rode peper (de)	κόκκινο πιπέρι (ουδ.)	[kókino pipéri]
mosterd (de)	μουστάρδα (θηλ.)	[mustárða]
mierikswortel (de)	χρένο (ουδ.)	[xréno]

condiment (het)	μπαχαρικό (ουδ.)	[baxarikó]
specerij, kruiderij (de)	καρύκευμα (ουδ.)	[karíkevma]
saus (de)	σάλτσα (θηλ.)	[sálʲtsa]
azijn (de)	ξίδι (ουδ.)	[ksíði]

anijs (de)	γλυκάνισος (αρ.)	[ɣlikánisos]
basilicum (de)	βασιλικός (αρ.)	[vasilikós]
kruidnagel (de)	γαρίφαλο (ουδ.)	[ɣarífalʲo]

gember (de)	**πιπερόριζα** (θηλ.)	[piperóriza]
koriander (de)	**κόλιανδρος** (αρ.)	[kólianðros]
kaneel (de/het)	**κανέλα** (θηλ.)	[kanélʲa]
sesamzaad (het)	**σουσάμι** (ουδ.)	[susámi]
laurierblad (het)	**φύλλο δάφνης** (ουδ.)	[fílʲo ðáfnis]
paprika (de)	**πάπρικα** (θηλ.)	[páprika]
komijn (de)	**κύμινο** (ουδ.)	[kímino]
saffraan (de)	**σαφράν** (ουδ.)	[safrán]

42. Maaltijden

eten (het)	**τροφή** (θηλ.), **φαγητό** (ουδ.)	[trofí], [fajitó]
eten (ww)	**τρώω**	[tróo]
ontbijt (het)	**πρωινό** (ουδ.)	[proinó]
ontbijten (ww)	**παίρνω πρωινό**	[pérno proinó]
lunch (de)	**μεσημεριανό** (ουδ.)	[mesimerianó]
lunchen (ww)	**τρώω μεσημεριανό**	[tróo mesimerianó]
avondeten (het)	**δείπνο** (ουδ.)	[ðípno]
souperen (ww)	**τρώω βραδινό**	[tróo vraðinó]
eetlust (de)	**όρεξη** (θηλ.)	[óreksi]
Eet smakelijk!	**Καλή όρεξη!**	[kalí óreksi]
openen (een fles ~)	**ανοίγω**	[aníɣo]
morsen (koffie, enz.)	**χύνω**	[xíno]
zijn gemorst	**χύνομαι**	[xínome]
koken (water kookt bij 100°C)	**βράζω**	[vrázo]
koken (Hoe om water te ~)	**βράζω**	[vrázo]
gekookt (~ water)	**βρασμένος**	[vrazménos]
afkoelen (koeler maken)	**κρυώνω**	[krióno]
afkoelen (koeler worden)	**κρυώνω**	[krióno]
smaak (de)	**γεύση** (θηλ.)	[jéfsi]
nasmaak (de)	**επίγευση** (θηλ.)	[epíjefsi]
volgen een dieet	**αδυνατίζω**	[aðinatízo]
dieet (het)	**δίαιτα** (θηλ.)	[ðíeta]
vitamine (de)	**βιταμίνη** (θηλ.)	[vitamíni]
calorie (de)	**θερμίδα** (θηλ.)	[θermíða]
vegetariër (de)	**χορτοφάγος** (αρ.)	[xortofáɣos]
vegetarisch (bn)	**χορτοφάγος**	[xortofáɣos]
vetten (mv.)	**λίπη** (ουδ.πλ.)	[lípi]
eiwitten (mv.)	**πρωτεΐνες** (θηλ.πλ.)	[proteínes]
koolhydraten (mv.)	**υδατάνθρακες** (αρ.πλ.)	[iðatánθrakes]
snede (de)	**φέτα** (θηλ.)	[féta]
stuk (bijv. een ~ taart)	**κομμάτι** (ουδ.)	[komáti]
kruimel (de)	**ψίχουλο** (ουδ.)	[psíxulʲo]

43. Tafelschikking

lepel (de)	**κουτάλι** (ουδ.)	[kutáli]
mes (het)	**μαχαίρι** (ουδ.)	[maxéri]
vork (de)	**πιρούνι** (ουδ.)	[pirúni]
kopje (het)	**φλιτζάνι** (ουδ.)	[flidzáni]
bord (het)	**πιάτο** (ουδ.)	[piáto]
schoteltje (het)	**πιατάκι** (ουδ.)	[piatáki]
servet (het)	**χαρτοπετσέτα** (θηλ.)	[xartopetséta]
tandenstoker (de)	**οδοντογλυφίδα** (θηλ.)	[oðondoɣlifíða]

44. Restaurant

restaurant (het)	**εστιατόριο** (ουδ.)	[estiatório]
koffiehuis (het)	**καφετέρια** (θηλ.)	[kafetéria]
bar (de)	**μπαρ** (ουδ.), **μπυραρία** (θηλ.)	[bar], [biraría]
tearoom (de)	**τσαγερί** (θηλ.)	[tsajerí]
kelner, ober (de)	**σερβιτόρος** (αρ.)	[servitóros]
serveerster (de)	**σερβιτόρα** (θηλ.)	[servitóra]
barman (de)	**μπάρμαν** (αρ.)	[bárman]
menu (het)	**κατάλογος** (αρ.)	[katálʲoɣos]
wijnkaart (de)	**κατάλογος κρασιών** (αρ.)	[katálʲoɣos krasión]
een tafel reserveren	**κλείνω τραπέζι**	[klíno trapézi]
gerecht (het)	**πιάτο** (ουδ.)	[piáto]
bestellen (eten ~)	**παραγγέλνω**	[parangélʲno]
een bestelling maken	**κάνω παραγγελία**	[káno parangelía]
aperitief (de/het)	**απεριτίφ** (ουδ.)	[aperitíf]
voorgerecht (het)	**ορεκτικό** (ουδ.)	[orektikó]
dessert (het)	**επιδόρπιο** (ουδ.)	[epiðórpio]
rekening (de)	**λογαριασμός** (αρ.)	[lʲoɣariazmós]
de rekening betalen	**πληρώνω λογαριασμό**	[pliróno lʲoɣariazmó]
wisselgeld teruggeven	**δίνω τα ρέστα**	[ðíno ta résta]
fooi (de)	**πουρμπουάρ** (ουδ.)	[purbuár]

Familie, verwanten en vrienden

45. Persoonlijke informatie. Formulieren

naam (de)	**όνομα** (ουδ.)	[ónoma]
achternaam (de)	**επώνυμο** (ουδ.)	[epónimo]
geboortedatum (de)	**ημερομηνία γέννησης** (θηλ.)	[imerominía ʝénisis]
geboorteplaats (de)	**τόπος γέννησης** (αρ.)	[tópos ʝénisis]
nationaliteit (de)	**εθνικότητα** (θηλ.)	[eθnikótita]
woonplaats (de)	**τόπος διαμονής** (αρ.)	[tópos ðiamonís]
land (het)	**χώρα** (θηλ.)	[xóra]
beroep (het)	**επάγγελμα** (ουδ.)	[epángelʲma]
geslacht (ov. het vrouwelijk ~)	**φύλο** (ουδ.)	[fílʲo]
lengte (de)	**ύψος, μπόι** (ουδ.)	[ípsos], [bói]
gewicht (het)	**βάρος** (ουδ.)	[város]

46. Familieleden. Verwanten

moeder (de)	**μητέρα** (θηλ.)	[mitéra]
vader (de)	**πατέρας** (αρ.)	[patéras]
zoon (de)	**γιός** (αρ.)	[ʝos]
dochter (de)	**κόρη** (θηλ.)	[kóri]
jongste dochter (de)	**μικρότερη κόρη** (ουδ.)	[mikróteri kóri]
jongste zoon (de)	**μικρότερος γιός** (αρ.)	[mikróteros ʝos]
oudste dochter (de)	**μεγαλύτερη κόρη** (θηλ.)	[meɣalíteri kóri]
oudste zoon (de)	**μεγαλύτερος γιός** (αρ.)	[meɣalíteros ʝiós]
broer (de)	**αδερφός** (αρ.)	[aðerfós]
zuster (de)	**αδερφή** (θηλ.)	[aðerfí]
neef (zoon van oom, tante)	**ξάδερφος** (αρ.)	[ksáðerfos]
nicht (dochter van oom, tante)	**ξαδέρφη** (θηλ.)	[ksaðérfi]
mama (de)	**μαμά** (θηλ.)	[mamá]
papa (de)	**μπαμπάς** (αρ.)	[babás]
ouders (mv.)	**γονείς** (αρ.πλ.)	[ɣonís]
kind (het)	**παιδί** (ουδ.)	[peðí]
kinderen (mv.)	**παιδιά** (ουδ.πλ.)	[peðiá]
oma (de)	**γιαγιά** (θηλ.)	[ʝaʝá]
opa (de)	**παππούς** (αρ.)	[papús]
kleinzoon (de)	**εγγονός** (αρ.)	[engonós]
kleindochter (de)	**εγγονή** (θηλ.)	[engoní]
kleinkinderen (mv.)	**εγγόνια** (ουδ.πλ.)	[engónia]

oom (de)	**θείος** (αρ.)	[θíos]
tante (de)	**θεία** (θηλ.)	[θía]
neef (zoon van broer, zus)	**ανιψιός** (αρ.)	[anipsiós]
nicht (dochter van broer, zus)	**ανιψιά** (θηλ.)	[anipsiá]
schoonmoeder (de)	**πεθερά** (θηλ.)	[peθerá]
schoonvader (de)	**πεθερός** (αρ.)	[peθerós]
schoonzoon (de)	**γαμπρός** (αρ.)	[ɣambrós]
stiefmoeder (de)	**μητριά** (θηλ.)	[mitriá]
stiefvader (de)	**πατριός** (αρ.)	[patriós]
zuigeling (de)	**βρέφος** (ουδ.)	[vréfos]
wiegenkind (het)	**βρέφος** (ουδ.)	[vréfos]
kleuter (de)	**νήπιο** (ουδ.)	[nípio]
vrouw (de)	**γυναίκα** (θηλ.)	[ʝinéka]
man (de)	**άνδρας** (αρ.)	[ánðras]
echtgenoot (de)	**σύζυγος** (αρ.)	[síziɣos]
echtgenote (de)	**σύζυγος** (θηλ.)	[síziɣos]
gehuwd (mann.)	**παντρεμένος**	[pandreménos]
gehuwd (vrouw.)	**παντρεμένη**	[pandreméni]
ongehuwd (mann.)	**ανύπαντρος**	[anípandros]
vrijgezel (de)	**εργένης** (αρ.)	[erʝénis]
gescheiden (bn)	**χωρισμένος**	[xorizménos]
weduwe (de)	**χήρα** (θηλ.)	[xíra]
weduwnaar (de)	**χήρος** (αρ.)	[xíros]
familielid (het)	**συγγενής** (αρ.)	[singenís]
dichte familielid (het)	**κοντινός συγγενής** (αρ.)	[kondinós singenís]
verre familielid (het)	**μακρινός συγγενής** (αρ.)	[makrinós singenís]
familieleden (mv.)	**συγγενείς** (αρ.πλ.)	[singenís]
wees (de), weeskind (het)	**ορφανό** (ουδ.)	[orfanó]
voogd (de)	**κηδεμόνας** (αρ.)	[kiðemónas]
adopteren (een jongen te ~)	**υιοθετώ**	[ioθetó]
adopteren (een meisje te ~)	**υιοθετώ**	[ioθetó]

Geneeskunde

47. Ziekten

ziekte (de)	**αρρώστια** (θηλ.)	[aróstia]
ziek zijn (ww)	**είμαι άρρωστος**	[íme árostos]
gezondheid (de)	**υγεία** (θηλ.)	[ijía]
snotneus (de)	**συνάχι** (ουδ.)	[sináxi]
angina (de)	**αμυγδαλίτιδα** (θηλ.)	[amiɣðalítiða]
verkoudheid (de)	**κρυολόγημα** (ουδ.)	[kriolʲójima]
verkouden raken (ww)	**κρυολογώ**	[kriolʲoɣó]
bronchitis (de)	**βρογχίτιδα** (θηλ.)	[vronxítiða]
longontsteking (de)	**πνευμονία** (θηλ.)	[pnevmonía]
griep (de)	**γρίπη** (θηλ.)	[ɣrípi]
bijziend (bn)	**μύωπας**	[míopas]
verziend (bn)	**πρεσβύωπας**	[prezvíopas]
scheelheid (de)	**στραβισμός** (αρ.)	[stravizmós]
scheel (bn)	**αλλήθωρος**	[alíθoros]
grauwe staar (de)	**καταρράκτης** (αρ.)	[kataráktis]
glaucoom (het)	**γλαύκωμα** (ουδ.)	[ɣlʲáfkoma]
beroerte (de)	**αποπληξία** (θηλ.)	[apopliksía]
hartinfarct (het)	**έμφραγμα** (ουδ.)	[émfraɣma]
myocardiaal infarct (het)	**έμφραγμα του μυοκαρδίου** (ουδ.)	[émfraɣma tu miokarðíu]
verlamming (de)	**παράλυση** (θηλ.)	[parálisi]
verlammen (ww)	**παραλύω**	[paralío]
allergie (de)	**αλλεργία** (θηλ.)	[alerjía]
astma (de/het)	**άσθμα** (ουδ.)	[ásθma]
diabetes (de)	**διαβήτης** (αρ.)	[ðiavítis]
tandpijn (de)	**πονόδοντος** (αρ.)	[ponóðondos]
tandbederf (het)	**τερηδόνα** (θηλ.)	[teriðóna]
diarree (de)	**διάρροια** (θηλ.)	[ðiária]
constipatie (de)	**δυσκοιλιότητα** (θηλ.)	[ðiskiliótita]
maagstoornis (de)	**στομαχική διαταραχή** (θηλ.)	[stomaxikí ðiataraxí]
voedselvergiftiging (de)	**τροφική δηλητηρίαση** (θηλ.)	[trofikí ðilitiríasi]
voedselvergiftiging oplopen	**δηλητηριάζομαι**	[ðilitiriázome]
artritis (de)	**αρθρίτιδα** (θηλ.)	[arθrítiða]
rachitis (de)	**ραχίτιδα** (θηλ.)	[raxítiða]
reuma (het)	**ρευματισμοί** (αρ.πλ.)	[revmatizmí]
arteriosclerose (de)	**αθηροσκλήρωση** (θηλ.)	[aθirosklírosi]
gastritis (de)	**γαστρίτιδα** (θηλ.)	[ɣastrítiða]
blindedarmontsteking (de)	**σκωληκοειδίτιδα** (θηλ.)	[skolikoiðítiða]

galblaasontsteking (de)	χολοκυστίτιδα (θηλ.)	[xolʲokistítiða]
zweer (de)	έλκος (ουδ.)	[élʲkos]

mazelen (mv.)	ιλαρά (θηλ.)	[ilʲará]
rodehond (de)	ερυθρά (θηλ.)	[eriθrá]
geelzucht (de)	ίκτερος (αρ.)	[íkteros]
leverontsteking (de)	ηπατίτιδα (θηλ.)	[ipatítiða]

schizofrenie (de)	σχιζοφρένεια (θηλ.)	[sxizofrénia]
dolheid (de)	λύσσα (θηλ.)	[lísa]
neurose (de)	νεύρωση (θηλ.)	[névrosi]
hersenschudding (de)	διάσειση (θηλ.)	[ðiásisi]

kanker (de)	καρκίνος (αρ.)	[karkínos]
sclerose (de)	σκλήρυνση (θηλ.)	[sklírinsi]
multiple sclerose (de)	σκλήρυνση κατά πλάκας (θηλ.)	[sklírinsi kataplʲákas]

alcoholisme (het)	αλκοολισμός (αρ.)	[alʲkoolizmós]
alcoholicus (de)	αλκοολικός (αρ.)	[alʲkoolikós]
syfilis (de)	σύφιλη (θηλ.)	[sífili]
AIDS (de)	AIDS (ουδ.)	[ejds]

tumor (de)	όγκος (αρ.)	[óngos]
kwaadaardig (bn)	κακοήθης	[kakoíθis]
goedaardig (bn)	καλοήθης	[kalʲoíθis]

koorts (de)	πυρετός (αρ.)	[piretós]
malaria (de)	ελονοσία (θηλ.)	[elʲonosía]
gangreen (het)	γάγγραινα (θηλ.)	[ɣángrena]
zeeziekte (de)	ναυτία (θηλ.)	[naftía]
epilepsie (de)	επιληψία (θηλ.)	[epilipsía]

epidemie (de)	επιδημία (θηλ.)	[epiðimía]
tyfus (de)	τύφος (αρ.)	[tífos]
tuberculose (de)	φυματίωση (θηλ.)	[fimatíosi]
cholera (de)	χολέρα (θηλ.)	[xoléra]
pest (de)	πανούκλα (θηλ.)	[panúklʲa]

48. Symptomen. Behandelingen. Deel 1

symptoom (het)	σύμπτωμα (ουδ.)	[símptoma]
temperatuur (de)	θερμοκρασία (θηλ.)	[θermokrasía]
verhoogde temperatuur (de)	υψηλή θερμοκρασία (θηλ.)	[ipsilí θermokrasía]
polsslag (de)	παλμός (αρ.)	[palʲmós]

duizeling (de)	ίλιγγος (αρ.)	[ílingos]
heet (erg warm)	ζεστός	[zestós]
koude rillingen (mv.)	ρίγος (ουδ.)	[ríɣos]
bleek (bn)	χλομός	[xlʲomós]

hoest (de)	βήχας (αρ.)	[víxas]
hoesten (ww)	βήχω	[víxo]
niezen (ww)	φτερνίζομαι	[fternízome]

flauwte (de)	**λιποθυμία** (θηλ.)	[lipoθimía]
flauwvallen (ww)	**λιποθυμώ**	[lipoθimó]
blauwe plek (de)	**μελανιά** (θηλ.)	[melʲaniá]
buil (de)	**καρούμπαλο** (ουδ.)	[karúmbalʲo]
zich stoten (ww)	**χτυπάω**	[xtipáo]
kneuzing (de)	**μώλωπας** (αρ.)	[mólʲopas]
kneuzen (gekneusd zijn)	**χτυπάω**	[xtipáo]
hinken (ww)	**κουτσαίνω**	[kutséno]
verstuiking (de)	**εξάρθρημα** (ουδ.)	[eksárθrima]
verstuiken (enkel, enz.)	**εξαρθρώνω**	[eksaθróno]
breuk (de)	**κάταγμα** (ουδ.)	[kátaɣma]
een breuk oplopen	**παθαίνω κάταγμα**	[paθéno kátaɣma]
snijwond (de)	**κόψιμο, σχίσιμο** (ουδ.)	[kópsimo], [sxísimo]
zich snijden (ww)	**κόβομαι**	[kóvome]
bloeding (de)	**αιμορραγία** (θηλ.)	[emoraʝía]
brandwond (de)	**έγκαυμα** (ουδ.)	[éngavma]
zich branden (ww)	**καίγομαι**	[kéɣome]
prikken (ww)	**τρυπώ**	[tripó]
zich prikken (ww)	**τρυπώ**	[tripó]
blesseren (ww)	**τραυματίζω**	[travmatízo]
blessure (letsel)	**τραυματισμός** (αρ.)	[travmatizmós]
wond (de)	**πληγή** (θηλ.)	[pliʝí]
trauma (het)	**τραύμα** (ουδ.)	[trávma]
ijlen (ww)	**παραμιλώ**	[paramilʲó]
stotteren (ww)	**τραυλίζω**	[travlízo]
zonnesteek (de)	**ηλίαση** (θηλ.)	[ilíasi]

49. Symptomen. Behandelingen. Deel 2

pijn (de)	**πόνος** (αρ.)	[pónos]
splinter (de)	**ακίδα** (θηλ.)	[akíða]
zweet (het)	**ιδρώτας** (αρ.)	[iðrótas]
zweten (ww)	**ιδρώνω**	[iðróno]
braking (de)	**εμετός** (αρ.)	[emetós]
stuiptrekkingen (mv.)	**σπασμοί** (αρ.πλ.)	[spazmí]
zwanger (bn)	**έγκυος**	[éngios]
geboren worden (ww)	**γεννιέμαι**	[ʝeniéme]
geboorte (de)	**γέννα** (θηλ.)	[ʝéna]
baren (ww)	**γεννάω**	[ʝenáo]
abortus (de)	**έκτρωση** (θηλ.)	[éktrosi]
ademhaling (de)	**αναπνοή** (θηλ.)	[anapnoí]
inademing (de)	**εισπνοή** (θηλ.)	[ispnoí]
uitademing (de)	**εκπνοή** (θηλ.)	[ekpnoí]
uitademen (ww)	**εκπνέω**	[ekpnéo]
inademen (ww)	**εισπνέω**	[ispnéo]

invalide (de)	**ανάπηρος** (αρ.)	[anápiros]
gehandicapte (de)	**σακάτης** (αρ.)	[sakátis]
drugsverslaafde (de)	**ναρκομανής** (αρ.)	[narkomanís]
doof (bn)	**κουφός, κωφός**	[kufós], [kofós]
stom (bn)	**μουγγός**	[mungós]
doofstom (bn)	**κωφάλαλος**	[kofálʲalʲos]
krankzinnig (bn)	**τρελός**	[trelʲós]
krankzinnige (man)	**τρελός** (αρ.)	[trelʲós]
krankzinnige (vrouw)	**τρελή** (θηλ.)	[trelí]
krankzinnig worden	**τρελαίνομαι**	[trelénome]
gen (het)	**γονίδιο** (ουδ.)	[ɣoníðio]
immuniteit (de)	**ανοσία** (θηλ.)	[anosía]
erfelijk (bn)	**κληρονομικός**	[klironomikós]
aangeboren (bn)	**συγγενής**	[singenís]
virus (het)	**ιός** (αρ.)	[jos]
microbe (de)	**μικρόβιο** (ουδ.)	[mikróvio]
bacterie (de)	**βακτήριο** (ουδ.)	[vaktírio]
infectie (de)	**μόλυνση** (θηλ.)	[mólinsi]

50. Symptomen. Behandelingen. Deel 3

ziekenhuis (het)	**νοσοκομείο** (ουδ.)	[nosokomío]
patiënt (de)	**ασθενής** (αρ.)	[asθenís]
diagnose (de)	**διάγνωση** (θηλ.)	[ðiáɣnosi]
genezing (de)	**θεραπεία** (θηλ.)	[θerapía]
medische behandeling (de)	**ιατρική περίθαλψη** (θηλ.)	[jatrikí períθalʲpsi]
onder behandeling zijn	**θεραπεύομαι**	[θerapévume]
behandelen (ww)	**περιποιούμαι**	[peripiúme]
zorgen (zieken ~)	**φροντίζω**	[frondízo]
ziekenzorg (de)	**φροντίδα** (θηλ.)	[frondíða]
operatie (de)	**εγχείρηση** (θηλ.)	[enxírisi]
verbinden (een arm ~)	**επιδένω**	[epiðéno]
verband (het)	**επίδεση** (θηλ.)	[epíðesi]
vaccin (het)	**εμβόλιο** (ουδ.)	[emvólio]
inenten (vaccineren)	**εμβολιάζω**	[emvoliázo]
injectie (de)	**ένεση** (θηλ.)	[énesi]
een injectie geven	**κάνω ένεση**	[káno énesi]
amputatie (de)	**ακρωτηριασμός** (αρ.)	[akrotiriazmós]
amputeren (ww)	**ακρωτηριάζω**	[akrotiriázo]
coma (het)	**κώμα** (ουδ.)	[kóma]
in coma liggen	**βρίσκομαι σε κώμα**	[vrískome se kóma]
intensieve zorg, ICU (de)	**εντατική** (θηλ.)	[endatikí]
zich herstellen (ww)	**αναρρώνω**	[anaróno]
toestand (de)	**κατάσταση** (θηλ.)	[katástasi]
bewustzijn (het)	**αισθήσεις** (θηλ.πλ.)	[esθísis]

geheugen (het)	**μνήμη** (θηλ.)	[mními]
trekken (een kies ~)	**βγάζω**	[vɣázo]
vulling (de)	**σφράγισμα** (ουδ.)	[sfrájizma]
vullen (ww)	**σφραγίζω**	[sfrajízo]
hypnose (de)	**ύπνωση** (θηλ.)	[ípnosi]
hypnotiseren (ww)	**υπνωτίζω**	[ipnotízo]

51. Artsen

dokter, arts (de)	**γιατρός** (αρ.)	[jatrós]
ziekenzuster (de)	**νοσοκόμα** (θηλ.)	[nosokóma]
lijfarts (de)	**προσωπικός γιατρός** (αρ.)	[prosopikós jatrós]
tandarts (de)	**οδοντίατρος** (αρ.)	[oðondíatros]
oogarts (de)	**οφθαλμίατρος** (αρ.)	[ofθalʲmíatros]
therapeut (de)	**παθολόγος** (αρ.)	[paθolʲóɣos]
chirurg (de)	**χειρουργός** (αρ.)	[xiruɣós]
psychiater (de)	**ψυχίατρος** (αρ.)	[psixíatros]
pediater (de)	**παιδίατρος** (αρ.)	[peðíatros]
psycholoog (de)	**ψυχολόγος** (αρ.)	[psixolʲóɣos]
gynaecoloog (de)	**γυναικολόγος** (αρ.)	[jinekolʲóɣos]
cardioloog (de)	**καρδιολόγος** (αρ.)	[karðiolʲóɣos]

52. Geneeskunde. Medicijnen. Accessoires

geneesmiddel (het)	**φάρμακο** (ουδ.)	[fármako]
middel (het)	**θεραπεία** (θηλ.)	[θerapía]
voorschrijven (ww)	**γράφω**	[ɣráfo]
recept (het)	**συνταγή** (θηλ.)	[sindají]
tablet (de/het)	**χάπι** (ουδ.)	[xápi]
zalf (de)	**αλοιφή** (θηλ.)	[alifí]
ampul (de)	**αμπούλα** (θηλ.)	[ambúlʲa]
drank (de)	**διάλυμα** (ουδ.)	[ðiálima]
siroop (de)	**σιρόπι** (ουδ.)	[sirópi]
pil (de)	**κάψουλα** (θηλ.)	[kápsulʲa]
poeder (de/het)	**σκόνη** (θηλ.)	[skóni]
verband (het)	**επίδεσμος** (αρ.)	[epíðezmos]
watten (mv.)	**χειρουργικό βαμβάκι** (ουδ.)	[xirurjikó vamváki]
jodium (het)	**ιώδιο** (ουδ.)	[ióðio]
pleister (de)	**τσιρότο** (ουδ.)	[tsiróto]
pipet (de)	**σταγονόμετρο** (ουδ.)	[staɣonómetro]
thermometer (de)	**θερμόμετρο** (ουδ.)	[θermómetro]
spuit (de)	**σύριγγα** (θηλ.)	[síringa]
rolstoel (de)	**αναπηρικό καροτσάκι** (ουδ.)	[anapirikó karotsáki]
krukken (mv.)	**πατερίτσες** (θηλ.πλ.)	[paterítses]
pijnstiller (de)	**αναλγητικό** (ουδ.)	[analʲjitikó]

laxeermiddel (het)	καθαρτικό (ουδ.)	[kaθartikó]
spiritus (de)	οινόπνευμα (ουδ.)	[inópnevma]
medicinale kruiden (mv.)	θεραπευτικά βότανα (ουδ.πλ.)	[θerapeftiká vótana]
kruiden- (abn)	από βότανα	[apó vótana]

HET MENSELIJKE LEEFGEBIED

Stad

53. Stad. Het leven in de stad

stad (de)	**πόλη** (θηλ.)	[póli]
hoofdstad (de)	**πρωτεύουσα** (θηλ.)	[protévusa]
dorp (het)	**χωριό** (ουδ.)	[xorió]
plattegrond (de)	**χάρτης πόλης** (αρ.)	[xártis pólis]
centrum (ov. een stad)	**κέντρο της πόλης** (ουδ.)	[kéndro tis pólis]
voorstad (de)	**προάστιο** (ουδ.)	[proástio]
voorstads- (abn)	**προαστιακός**	[proastiakós]
randgemeente (de)	**προάστια** (ουδ.πλ.)	[proástia]
omgeving (de)	**περίχωρα** (πλ.)	[períxora]
blok (huizenblok)	**συνοικία** (θηλ.)	[sinikía]
woonwijk (de)	**οικιστικό τετράγωνο** (ουδ.)	[ikistikó tetráɣono]
verkeer (het)	**κίνηση** (θηλ.)	[kínisi]
verkeerslicht (het)	**φανάρι** (ουδ.)	[fanári]
openbaar vervoer (het)	**δημόσιες συγκοινωνίες** (θηλ.πλ.)	[ðimósies singinoníes]
kruispunt (het)	**διασταύρωση** (θηλ.)	[ðiastávrosi]
zebrapad (oversteekplaats)	**διάβαση πεζών** (θηλ.)	[ðiávasi pezón]
onderdoorgang (de)	**υπόγεια διάβαση** (θηλ.)	[ipójia ðiávasi]
oversteken (de straat ~)	**περνάω, διασχίζω**	[pernáo], [ðiasxízo]
voetganger (de)	**πεζός** (αρ.)	[pezós]
trottoir (het)	**πεζοδρόμιο** (ουδ.)	[pezoðrómio]
brug (de)	**γέφυρα** (θηλ.)	[jéfira]
dijk (de)	**προκυμαία** (θηλ.)	[prokiméa]
fontein (de)	**κρήνη** (θηλ.)	[kríni]
allee (de)	**αλέα** (θηλ.)	[aléa]
park (het)	**πάρκο** (ουδ.)	[párko]
boulevard (de)	**λεωφόρος** (θηλ.)	[leofóros]
plein (het)	**πλατεία** (θηλ.)	[pl]atía]
laan (de)	**λεωφόρος** (θηλ.)	[leofóros]
straat (de)	**δρόμος** (αρ.)	[ðrómos]
zijstraat (de)	**παράδρομος** (αρ.)	[paráðromos]
doodlopende straat (de)	**αδιέξοδο** (ουδ.)	[aðiéksoðo]
huis (het)	**σπίτι** (ουδ.)	[spíti]
gebouw (het)	**κτίριο** (ουδ.)	[ktírio]
wolkenkrabber (de)	**ουρανοξύστης** (αρ.)	[uranoksístis]
gevel (de)	**πρόσοψη** (θηλ.)	[prósopsi]

dak (het)	**στέγη** (θηλ.)	[stéji]
venster (het)	**παράθυρο** (ουδ.)	[paráθiro]
boog (de)	**αψίδα** (θηλ.)	[apsíða]
pilaar (de)	**κολόνα** (θηλ.)	[kolʲóna]
hoek (ov. een gebouw)	**γωνία** (θηλ.)	[ɣonía]
vitrine (de)	**βιτρίνα** (θηλ.)	[vitrína]
gevelreclame (de)	**ταμπέλα** (θηλ.)	[tabélʲa]
affiche (de/het)	**αφίσα** (θηλ.)	[afísa]
reclameposter (de)	**διαφημιστική αφίσα** (θηλ.)	[ðiafimistikí afísa]
aanplakbord (het)	**διαφημιστική πινακίδα** (θηλ.)	[ðiafimistikí pinakíða]
vuilnis (de/het)	**σκουπίδια** (ουδ.πλ.)	[skupíðia]
vuilnisbak (de)	**σκουπιδοτενεκές** (αρ.)	[skupiðotenekés]
afval weggooien (ww)	**λερώνω με σκουπίδια**	[leróno me skupíðia]
stortplaats (de)	**χωματερή** (θηλ.)	[xomaterí]
telefooncel (de)	**τηλεφωνικός θάλαμος** (αρ.)	[tilefonikós θálʲamos]
straatlicht (het)	**φανοστάτης** (αρ.)	[fanostátis]
bank (de)	**παγκάκι** (ουδ.)	[pangáki]
politieagent (de)	**αστυνομικός** (αρ.)	[astinomikós]
politie (de)	**αστυνομία** (θηλ.)	[astinomía]
zwerver (de)	**ζητιάνος** (αρ.)	[zitiános]
dakloze (de)	**άστεγος** (αρ.)	[ásteɣos]

54. Stedelijke instellingen

winkel (de)	**κατάστημα** (ουδ.)	[katástima]
apotheek (de)	**φαρμακείο** (ουδ.)	[farmakío]
optiek (de)	**κατάστημα οπτικών** (ουδ.)	[katástima optikón]
winkelcentrum (het)	**εμπορικό κέντρο** (ουδ.)	[emborikó kéndro]
supermarkt (de)	**σουπερμάρκετ** (ουδ.)	[supermárket]
bakkerij (de)	**αρτοπωλείο** (ουδ.)	[artopolío]
bakker (de)	**φούρναρης** (αρ.)	[fúrnaris]
banketbakkerij (de)	**ζαχαροπλαστείο** (ουδ.)	[zaxaroplʲastío]
kruidenier (de)	**μπακάλικο** (ουδ.)	[bakáliko]
slagerij (de)	**κρεοπωλείο** (ουδ.)	[kreopolío]
groentewinkel (de)	**μανάβικο** (ουδ.)	[manáviko]
markt (de)	**αγορά, λαϊκή** (θηλ.)	[aɣorá], [lʲajkí]
koffiehuis (het)	**καφετέρια** (θηλ.)	[kafetéria]
restaurant (het)	**εστιατόριο** (ουδ.)	[estiatório]
bar (de)	**μπαρ** (ουδ.), **μπυραρία** (θηλ.)	[bar], [biraría]
pizzeria (de)	**πιτσαρία** (θηλ.)	[pitsaría]
kapperssalon (de/het)	**κομμωτήριο** (ουδ.)	[komotírio]
postkantoor (het)	**ταχυδρομείο** (ουδ.)	[taxiðromío]
stomerij (de)	**στεγνοκαθαριστήριο** (ουδ.)	[steɣnokaθaristírio]
fotostudio (de)	**φωτογραφείο** (ουδ.)	[fotoɣrafío]
schoenwinkel (de)	**κατάστημα παπουτσιών** (ουδ.)	[katástima paputsión]

boekhandel (de)	**βιβλιοπωλείο** (ουδ.)	[vivliopolío]
sportwinkel (de)	**κατάστημα αθλητικών ειδών** (ουδ.)	[katástima aθlitikón iðón]
kledingreparatie (de)	**κατάστημα επιδιορθώσεων ενδυμάτων** (ουδ.)	[katástima epiðiorθóseon enðimáton]
kledingverhuur (de)	**ενοικίαση ενδυμάτων** (θηλ.)	[enikíasi enðimáton]
videotheek (de)	**κατάστημα ενοικίασης βίντεο** (ουδ.)	[katástima enikíasis vídeo]
circus (de/het)	**τσίρκο** (ουδ.)	[tsírko]
dierentuin (de)	**ζωολογικός κήπος** (αρ.)	[zoolʲoʝikós kípos]
bioscoop (de)	**κινηματογράφος** (αρ.)	[kinimatoɣráfos]
museum (het)	**μουσείο** (ουδ.)	[musío]
bibliotheek (de)	**βιβλιοθήκη** (θηλ.)	[vivlioθíki]
theater (het)	**θέατρο** (ουδ.)	[θéatro]
opera (de)	**όπερα** (θηλ.)	[ópera]
nachtclub (de)	**νυχτερινό κέντρο** (ουδ.)	[nixterinó kéndro]
casino (het)	**καζίνο** (ουδ.)	[kazíno]
moskee (de)	**τζαμί** (ουδ.)	[dzamí]
synagoge (de)	**συναγωγή** (θηλ.)	[sinaɣoʝí]
kathedraal (de)	**καθεδρικός** (αρ.)	[kaθeðrikós]
tempel (de)	**ναός** (αρ.)	[naós]
kerk (de)	**εκκλησία** (θηλ.)	[eklisía]
instituut (het)	**πανεπιστήμιο** (ουδ.)	[panepistímio]
universiteit (de)	**πανεπιστήμιο** (ουδ.)	[panepistímio]
school (de)	**σχολείο** (ουδ.)	[sxolío]
gemeentehuis (het)	**νομός** (αρ.)	[nómos]
stadhuis (het)	**δημαρχείο** (ουδ.)	[ðimarxío]
hotel (het)	**ξενοδοχείο** (ουδ.)	[ksenoðoxío]
bank (de)	**τράπεζα** (θηλ.)	[trápeza]
ambassade (de)	**πρεσβεία** (θηλ.)	[prezvía]
reisbureau (het)	**ταξιδιωτικό γραφείο** (ουδ.)	[taksiðiotikó ɣrafío]
informatieloket (het)	**γραφείο πληροφοριών** (ουδ.)	[ɣrafío pliroforión]
wisselkantoor (het)	**ανταλλακτήριο συναλλάγματος** (ουδ.)	[andalʲaktírio sinalʲáɣmatos]
metro (de)	**μετρό** (ουδ.)	[metró]
ziekenhuis (het)	**νοσοκομείο** (ουδ.)	[nosokomío]
benzinestation (het)	**βενζινάδικο** (ουδ.)	[venzináðiko]
parking (de)	**πάρκινγκ** (ουδ.)	[párking]

55. Borden

gevelreclame (de)	**ταμπέλα** (θηλ.)	[tabélʲa]
opschrift (het)	**επιγραφή** (θηλ.)	[epiɣrafí]
poster (de)	**αφίσα, πόστερ** (ουδ.)	[afísa], [póster]
wegwijzer (de)	**πινακίδα** (θηλ.)	[pinakíða]

pijl (de)	**βελάκι** (ουδ.)	[veľáki]
waarschuwing (verwittiging)	**προειδοποίηση** (θηλ.)	[proiðopíisi]
waarschuwingsbord (het)	**προειδοποίηση** (θηλ.)	[proiðopíisi]
waarschuwen (ww)	**προειδοποιώ**	[proiðopió]
vrije dag (de)	**ρεπό** (ουδ.)	[repó]
dienstregeling (de)	**ωράριο** (ουδ.)	[orário]
openingsuren (mv.)	**ώρες λειτουργίας** (θηλ.πλ.)	[óres liturʝías]
WELKOM!	**ΚΑΛΩΣ ΗΡΘΑΤΕ!**	[kaľos íрθate]
INGANG	**ΕΙΣΟΔΟΣ**	[ísoðos]
UITGANG	**ΕΞΟΔΟΣ**	[éksoðos]
DUWEN	**ΩΘΗΣΑΤΕ**	[oθísate]
TREKKEN	**ΕΛΞΑΤΕ**	[éľksate]
OPEN	**ΑΝΟΙΚΤΟ**	aníkto
GESLOTEN	**ΚΛΕΙΣΤΟ**	[klísto]
DAMES	**ΓΥΝΑΙΚΩΝ**	[ʝinekón]
HEREN	**ΑΝΔΡΕΣ**	[ánðres]
KORTING	**ΕΚΠΤΩΣΕΙΣ**	[ekptósis]
UITVERKOOP	**ΞΕΠΟΥΛΗΜΑ**	[ksepúlima]
NIEUW!	**ΝΕΟ!**	[néo]
GRATIS	**ΔΩΡΕΑΝ**	[ðoreán]
PAS OP!	**ΠΡΟΣΟΧΗ!**	[prosoxí]
VOLGEBOEKT	**ΔΕΝ ΥΠΑΡΧΟΥΝ ΚΕΝΑ ΔΩΜΑΤΙΑ**	[ðen ipárxun kená ðomátia]
GERESERVEERD	**ΡΕΖΕΡΒΕ**	[rezervé]
ADMINISTRATIE	**ΔΙΕΥΘΥΝΤΗΣ**	[ðiéfθindis]
ALLEEN VOOR PERSONEEL	**ΜΟΝΟ ΓΙΑ ΤΟ ΠΡΟΣΩΠΙΚΟ**	[móno ʝa to prosopikó]
GEVAARLIJKE HOND	**ΠΡΟΣΟΧΗ ΣΚΥΛΟΣ**	[prosoxí skíľos]
VERBODEN TE ROKEN!	**ΑΠΑΓΟΡΕΥΕΤΑΙ ΤΟ ΚΑΠΝΙΣΜΑ**	[apaɣorévete to kápnizma]
NIET AANRAKEN!	**ΜΗΝ ΑΓΓΙΖΕΤΕ!**	[min angízete]
GEVAARLIJK	**ΚΙΝΔΥΝΟΣ**	[kínðinos]
GEVAAR	**ΚΙΝΔΥΝΟΣ**	[kínðinos]
HOOGSPANNING	**ΥΨΗΛΗ ΤΑΣΗ**	[ípseli tási]
VERBODEN TE ZWEMMEN	**ΑΠΑΓΟΡΕΥΕΤΑΙ ΤΟ ΚΟΛΥΜΠΙ**	[apaɣorévete to kolíbi]
BUITEN GEBRUIK	**ΕΚΤΟΣ ΛΕΙΤΟΥΡΓΙΑΣ**	éktos liturʝías
ONTVLAMBAAR	**ΕΥΦΛΕΚΤΟ**	[éflekto]
VERBODEN	**ΑΠΑΓΟΡΕΥΕΤΑΙ**	[apaɣorévete]
DOORGANG VERBODEN	**ΑΠΑΓΟΡΕΥΕΤΑΙ ΤΟ ΠΕΡΑΣΜΑ**	[apaɣorévete to pérazma]
OPGELET PAS GEVERFD	**ΦΡΕΣΚΟΒΑΜΜΕΝΟ**	[frésko vaméno]

56. Stedelijk vervoer

bus, autobus (de)	**λεωφορείο** (ουδ.)	[leoforío]
tram (de)	**τραμ** (ουδ.)	[tram]
trolleybus (de)	**τρόλεϊ** (ουδ.)	[trólej]
route (de)	**δρομολόγιο** (ουδ.)	[ðromolʲójo]
nummer (busnummer, enz.)	**αριθμός** (αρ.)	[ariθmós]
rijden met ...	**πηγαίνω με ...**	[pijéno me]
stappen (in de bus ~)	**ανεβαίνω**	[anevéno]
afstappen (ww)	**κατεβαίνω**	[katevéno]
halte (de)	**στάση** (θηλ.)	[stási]
volgende halte (de)	**επόμενη στάση** (θηλ.)	[epómeni stási]
eindpunt (het)	**τερματικός σταθμός** (αρ.)	[termatikós staθmós]
dienstregeling (de)	**δρομολόγιο** (ουδ.)	[ðromolʲójo]
wachten (ww)	**περιμένω**	[periméno]
kaartje (het)	**εισιτήριο** (ουδ.)	[isitírio]
reiskosten (de)	**τιμή εισιτηρίου** (θηλ.)	[timí isitiríu]
kassier (de)	**ταμίας** (αρ./θηλ.)	[tamías]
kaartcontrole (de)	**έλεγχος εισιτηρίων** (αρ.)	[élenxos isitiríon]
controleur (de)	**ελεγκτής εισιτηρίων** (αρ.)	[elengtís isitiríon]
te laat zijn (ww)	**καθυστερώ**	[kaθisteró]
missen (de bus ~)	**καθυστερώ**	[kaθisteró]
zich haasten (ww)	**βιάζομαι**	[viázome]
taxi (de)	**ταξί** (ουδ.)	[taksí]
taxichauffeur (de)	**ταξιτζής** (αρ.)	[taksidzís]
met de taxi (bw)	**με ταξί**	[me taksí]
taxistandplaats (de)	**πιάτσα ταξί** (θηλ.)	[piátsa taksí]
een taxi bestellen	**καλώ ταξί**	[kalʲó taksí]
een taxi nemen	**παίρνω ταξί**	[pérno taksí]
verkeer (het)	**κίνηση** (θηλ.)	[kínisi]
file (de)	**μποτιλιάρισμα** (ουδ.)	[botiliárizma]
spitsuur (het)	**ώρα αιχμής** (θηλ.)	[óra exmís]
parkeren (on.ww.)	**παρκάρω**	[parkáro]
parkeren (ov.ww.)	**παρκάρω**	[parkáro]
parking (de)	**πάρκινγκ** (ουδ.)	[párking]
metro (de)	**μετρό** (ουδ.)	[metró]
halte (bijv. kleine treinhalte)	**σταθμός** (αρ.)	[staθmós]
de metro nemen	**παίρνω το μετρό**	[pérno to metró]
trein (de)	**τραίνο, τρένο** (ουδ.)	[tréno]
station (treinstation)	**σιδηροδρομικός σταθμός** (αρ.)	[siðiroðromikós staθmós]

57. Bezienswaardigheden

monument (het)	**μνημείο** (ουδ.)	[mnimío]
vesting (de)	**φρούριο** (ουδ.)	[frúrio]

paleis (het)	**παλάτι** (ουδ.)	[palʲáti]
kasteel (het)	**κάστρο** (ουδ.)	[kástro]
toren (de)	**πύργος** (αρ.)	[píryos]
mausoleum (het)	**μαυσωλείο** (ουδ.)	[mafsolío]
architectuur (de)	**αρχιτεκτονική** (θηλ.)	[arxitektonikí]
middeleeuws (bn)	**μεσαιωνικός**	[meseonikós]
oud (bn)	**αρχαίος**	[arxéos]
nationaal (bn)	**εθνικός**	[eθnikós]
bekend (bn)	**διάσημος**	[ðiásimos]
toerist (de)	**τουρίστας** (αρ.)	[turístas]
gids (de)	**ξεναγός** (αρ.)	[ksenaɣós]
rondleiding (de)	**εκδρομή** (θηλ.)	[ekðromí]
tonen (ww)	**δείχνω**	[ðíxno]
vertellen (ww)	**διηγούμαι**	[ðiiɣúme]
vinden (ww)	**βρίσκω**	[vrísko]
verdwalen (de weg kwijt zijn)	**χάνομαι**	[xánome]
plattegrond (~ van de metro)	**χάρτης** (αρ.)	[xártis]
plattegrond (~ van de stad)	**χάρτης** (αρ.)	[xártis]
souvenir (het)	**ενθύμιο** (ουδ.)	[enθímio]
souvenirwinkel (de)	**κατάστημα με είδη δώρων** (ουδ.)	[katástima me ídi ðóron]
foto's maken	**φωτογραφίζω**	[fotoɣrafízo]
zich laten fotograferen	**βγαίνω φωτογραφία**	[vjéno fotoɣrafía]

58. Winkelen

kopen (ww)	**αγοράζω**	[aɣorázo]
aankoop (de)	**αγορά** (θηλ.)	[aɣorá]
winkelen (ww)	**ψωνίζω**	[psonízo]
winkelen (het)	**shopping** (ουδ.)	[ʃópiŋ]
open zijn (ov. een winkel, enz.)	**λειτουργώ**	[lituryó]
gesloten zijn (ww)	**κλείνω**	[klíno]
schoeisel (het)	**υποδήματα** (ουδ.πλ.)	[ipoðímata]
kleren (mv.)	**ενδύματα** (ουδ.πλ.)	[enðímata]
cosmetica (mv.)	**καλλυντικά** (ουδ.πλ.)	[kalindiká]
voedingswaren (mv.)	**τρόφιμα** (ουδ.πλ.)	[trófima]
geschenk (het)	**δώρο** (ουδ.)	[ðóro]
verkoper (de)	**πωλητής** (αρ.)	[politís]
verkoopster (de)	**πωλήτρια** (θηλ.)	[polítria]
kassa (de)	**ταμείο** (ουδ.)	[tamío]
spiegel (de)	**καθρέφτης** (αρ.)	[kaθréftis]
toonbank (de)	**πάγκος** (αρ.)	[pángos]
paskamer (de)	**δοκιμαστήριο** (ουδ.)	[ðokimastírio]
aanpassen (ww)	**δοκιμάζω**	[ðokimázo]
passen (ov. kleren)	**ταιριάζω**	[teriázo]

bevallen (prettig vinden)	**μου αρέσει**	[mu arési]
prijs (de)	**τιμή** (θηλ.)	[timí]
prijskaartje (het)	**καρτέλα τιμής** (θηλ.)	[kartélʲa timís]
kosten (ww)	**κοστίζω**	[kostízo]
Hoeveel?	**Πόσο κάνει;**	póso káni?
korting (de)	**έκπτωση** (θηλ.)	[ékptosi]
niet duur (bn)	**φτηνός**	[ftinós]
goedkoop (bn)	**φτηνός**	[ftinós]
duur (bn)	**ακριβός**	[akrivós]
Dat is duur.	**Είναι ακριβός**	[íne akrivós]
verhuur (de)	**ενοικίαση** (θηλ.)	[enikíasi]
huren (smoking, enz.)	**νοικιάζω**	[nikiázo]
krediet (het)	**πίστωση** (θηλ.)	[pístosi]
op krediet (bw)	**με πίστωση**	[me pístosi]

59. Geld

geld (het)	**χρήματα** (ουδ.πλ.)	[xrímata]
ruil (de)	**ανταλλαγή** (θηλ.)	[andalʲaʝí]
koers (de)	**ισοτιμία** (θηλ.)	[isotimía]
geldautomaat (de)	**ATM** (ουδ.)	[eitiém]
muntstuk (de)	**κέρμα** (ουδ.)	[kérma]
dollar (de)	**δολάριο** (ουδ.)	[ðolʲário]
euro (de)	**ευρώ** (ουδ.)	[evró]
lire (de)	**λίρα** (θηλ.)	[líra]
Duitse mark (de)	**μάρκο** (ουδ.)	[márko]
frank (de)	**φράγκο** (ουδ.)	[frángo]
pond sterling (het)	**στερλίνα** (θηλ.)	[sterlína]
yen (de)	**γιεν** (ουδ.)	[ʝén]
schuld (geldbedrag)	**χρέος** (ουδ.)	[xréos]
schuldenaar (de)	**χρεώστης** (αρ.)	[xreóstis]
uitlenen (ww)	**δανείζω**	[ðanízo]
lenen (geld ~)	**δανείζομαι**	[ðanízome]
bank (de)	**τράπεζα** (θηλ.)	[trápeza]
bankrekening (de)	**λογαριασμός** (αρ.)	[lʲoɣariazmós]
op rekening storten	**καταθέτω στο λογαριασμό**	[kataθéto sto lʲoɣariazmó]
opnemen (ww)	**κάνω ανάληψη**	[káno análipsi]
kredietkaart (de)	**πιστωτική κάρτα** (θηλ.)	[pistotikí kárta]
baar geld (het)	**μετρητά** (ουδ.πλ.)	[metritá]
cheque (de)	**επιταγή** (θηλ.)	[epitaʝí]
een cheque uitschrijven	**κόβω επιταγή**	[kóvo epitaʝí]
chequeboekje (het)	**βιβλιάριο επιταγών** (ουδ.)	[vivliário epitaɣón]
portefeuille (de)	**πορτοφόλι** (ουδ.)	[portofóli]
geldbeugel (de)	**πορτοφόλι** (ουδ.)	[portofóli]
safe (de)	**χρηματοκιβώτιο** (ουδ.)	[xrimatokivótio]
erfgenaam (de)	**κληρονόμος** (αρ.)	[klironómos]

erfenis (de)	**κληρονομιά** (θηλ.)	[klironomiá]
fortuin (het)	**περιουσία** (θηλ.)	[periusía]
huur (de)	**σύμβαση μίσθωσης** (θηλ.)	[símvasi mísθosis]
huurprijs (de)	**ενοίκιο** (ουδ.)	[eníkio]
huren (huis, kamer)	**νοικιάζω**	[nikiázo]
prijs (de)	**τιμή** (θηλ.)	[timí]
kostprijs (de)	**κόστος** (ουδ.)	[kóstos]
som (de)	**ποσό** (ουδ.)	[posó]
uitgeven (geld besteden)	**ξοδεύω**	[ksoðévo]
kosten (mv.)	**έξοδα** (ουδ.πλ.)	[éksoða]
bezuinigen (ww)	**κάνω οικονομία**	[káno ikonomía]
zuinig (bn)	**οικονομικός**	[ikonomikós]
betalen (ww)	**πληρώνω**	[pliróno]
betaling (de)	**αμοιβή** (θηλ.)	[amiví]
wisselgeld (het)	**ρέστα** (ουδ.πλ.)	[résta]
belasting (de)	**φόρος** (αρ.)	[fóros]
boete (de)	**πρόστιμο** (ουδ.)	[próstimo]
beboeten (bekeuren)	**επιβάλλω πρόστιμο**	[epiválʲo próstimo]

60. Post. Postkantoor

postkantoor (het)	**ταχυδρομείο** (ουδ.)	[taxiðromío]
post (de)	**ταχυδρομείο** (ουδ.)	[taxiðromío]
postbode (de)	**ταχυδρόμος** (αρ.)	[taxiðrómos]
openingsuren (mv.)	**ώρες λειτουργίας** (θηλ.πλ.)	[óres liturɟías]
brief (de)	**γράμμα** (ουδ.)	[ɣráma]
aangetekende brief (de)	**συστημένο γράμμα** (ουδ.)	[sistiméno ɣráma]
briefkaart (de)	**κάρτα** (θηλ.)	[kárta]
telegram (het)	**τηλεγράφημα** (ουδ.)	[tileɣráfima]
postpakket (het)	**δέμα** (ουδ.)	[ðéma]
overschrijving (de)	**έμβασμα** (ουδ.)	[émvazma]
ontvangen (ww)	**λαμβάνω**	[lʲamváno]
sturen (zenden)	**στέλνω**	[stélʲno]
verzending (de)	**αποστολή** (θηλ.)	[apostolí]
adres (het)	**διεύθυνση** (θηλ.)	[ðiéfθinsi]
postcode (de)	**ταχυδρομικός κώδικας** (αρ.)	[taxiðromikós kóðikas]
verzender (de)	**αποστολέας** (αρ.)	[apostoléas]
ontvanger (de)	**παραλήπτης** (αρ.)	[paralíptis]
naam (de)	**όνομα** (ουδ.)	[ónoma]
achternaam (de)	**επώνυμο** (ουδ.)	[epónimo]
tarief (het)	**ταχυδρομικό τέλος** (ουδ.)	[taxiðromikó télʲos]
standaard (bn)	**κανονικός**	[kanonikós]
zuinig (bn)	**οικονομικός**	[ikonomikós]
gewicht (het)	**βάρος** (ουδ.)	[város]

afwegen (op de weegschaal)	**ζυγίζω**	[zijízo]
envelop (de)	**φάκελος** (αρ.)	[fákelʲos]
postzegel (de)	**γραμματόσημο** (ουδ.)	[ɣramatósimo]
een postzegel plakken op	**βάζω γραμματόσημο**	[vázo ɣramatósimo]

Woning. Huis. Thuis

61. Huis. Elektriciteit

elektriciteit (de)	**ηλεκτρισμός** (αρ.)	[ilektrizmós]
lamp (de)	**λάμπα** (θηλ.)	[lʲámba]
schakelaar (de)	**διακόπτης** (αρ.)	[ðiakóptis]
zekering (de)	**ασφάλεια** (θηλ.), **φυσίγγιο** (ουδ.)	[asfália], [fisíngio]
draad (de)	**καλώδιο** (ουδ.)	[kalʲóðio]
bedrading (de)	**καλωδίωση** (θηλ.)	[kalʲoðíosi]
elektriciteitsmeter (de)	**μετρητής ηλεκτρικής κατανάλωσης** (αρ.)	[metritís ilektrikís katanálʲosis]
gegevens (mv.)	**ενδείξεις** (θηλ.πλ.)	[enðíksis]

62. Villa. Herenhuis

landhuisje (het)	**εξωχικό** (ουδ.)	[eksoxikó]
villa (de)	**βίλα** (θηλ.)	[vílʲa]
vleugel (de)	**πτέρυγα** (θηλ.)	[ptériɣa]
tuin (de)	**κήπος** (αρ.)	[kípos]
park (het)	**πάρκο** (ουδ.)	[párko]
oranjerie (de)	**θερμοκήπιο** (ουδ.)	[θermokípio]
onderhouden (tuin, enz.)	**φροντίζω**	[frondízo]
zwembad (het)	**πισίνα** (θηλ.)	[pisína]
gym (het)	**γυμναστήριο** (ουδ.)	[ʝimnastírio]
tennisveld (het)	**γήπεδο τένις** (ουδ.)	[ʝípeðo ténis]
bioscoopkamer (de)	**οικιακός κινηματογράφος** (αρ.)	[ikiakós kinimatoɣráfos]
garage (de)	**γκαράζ** (ουδ.)	[garáz]
privé-eigendom (het)	**ιδωτική ιδιοκτησία** (θηλ.)	[iðotikí iðioktisía]
eigen terrein (het)	**ιδιωτική έκταση** (θηλ.)	[iðiotikí éktasi]
waarschuwing (de)	**προειδοποίηση** (θηλ.)	[proiðopíisi]
waarschuwingsbord (het)	**προειδοποιητικό σήμα** (ουδ.)	[proiðopoiitikó síma]
bewaking (de)	**ασφάλεια** (θηλ.)	[asfália]
bewaker (de)	**φρουρός** (αρ.)	[fílʲakas]
inbraakalarm (het)	**συναγερμός** (αρ.)	[sinaʝermós]

63. Appartement

appartement (het)	**διαμέρισμα** (ουδ.)	[ðiamérizma]
kamer (de)	**δωμάτιο** (ουδ.)	[ðomátio]
slaapkamer (de)	**υπνοδωμάτιο** (ουδ.)	[ipnoðomátio]
eetkamer (de)	**τραπεζαρία** (θηλ.)	[trapezaría]
salon (de)	**σαλόνι** (ουδ.)	[salʲóni]
studeerkamer (de)	**γραφείο** (ουδ.)	[ɣrafío]
gang (de)	**χωλ** (ουδ.)	[xolʲ]
badkamer (de)	**μπάνιο** (ουδ.)	[bánio]
toilet (het)	**τουαλέτα** (θηλ.)	[tualéta]
plafond (het)	**ταβάνι** (ουδ.)	[taváni]
vloer (de)	**πάτωμα** (ουδ.)	[pátoma]
hoek (de)	**γωνία** (θηλ.)	[ɣonía]

64. Meubels. Interieur

meubels (mv.)	**έπιπλα** (ουδ.πλ.)	[épiplʲa]
tafel (de)	**τραπέζι** (ουδ.)	[trapézi]
stoel (de)	**καρέκλα** (θηλ.)	[karéklʲa]
bed (het)	**κρεβάτι** (ουδ.)	[kreváti]
bankstel (het)	**καναπές** (αρ.)	[kanapés]
fauteuil (de)	**πολυθρόνα** (θηλ.)	[poliθróna]
boekenkast (de)	**βιβλιοθήκη** (θηλ.)	[vivlioθíki]
boekenrek (het)	**ράφι** (ουδ.)	[ráfi]
kledingkast (de)	**ντουλάπα** (θηλ.)	[dulʲápa]
kapstok (de)	**κρεμάστρα** (θηλ.)	[kremástra]
staande kapstok (de)	**καλόγερος** (αρ.)	[kalʲójeros]
commode (de)	**συρταριέρα** (θηλ.)	[sirtariéra]
salontafeltje (het)	**τραπεζάκι** (ουδ.)	[trapezáki]
spiegel (de)	**καθρέφτης** (αρ.)	[kaθréftis]
tapijt (het)	**χαλί** (ουδ.)	[xalí]
tapijtje (het)	**χαλάκι** (ουδ.)	[xalʲáki]
haard (de)	**τζάκι** (ουδ.)	[dzáki]
kaars (de)	**κερί** (ουδ.)	[kerí]
kandelaar (de)	**κηροπήγιο** (ουδ.)	[kiropíjo]
gordijnen (mv.)	**κουρτίνες** (θηλ.πλ.)	[kurtínes]
behang (het)	**ταπετσαρία** (θηλ.)	[tapetsaría]
jaloezie (de)	**στόρια** (ουδ.πλ.)	[stória]
bureaulamp (de)	**επιτραπέζιο φωτιστικό** (ουδ.)	[epitrapézio fotistikó]
wandlamp (de)	**φωτιστικό τοίχου** (ουδ.)	[fotistikó tíxu]
staande lamp (de)	**φωτιστικό δαπέδου** (ουδ.)	[fotistikó ðapéðu]
luchter (de)	**πολυέλαιος** (αρ.)	[poliéleos]
poot (ov. een tafel, enz.)	**πόδι** (ουδ.)	[póði]

armleuning (de)	**μπράτσο** (ουδ.)	[brátso]
rugleuning (de)	**πλάτη** (θηλ.)	[plʲáti]
la (de)	**συρτάρι** (ουδ.)	[sirtári]

65. Beddengoed

beddengoed (het)	**σεντόνια** (ουδ.πλ.)	[sendónia]
kussen (het)	**μαξιλάρι** (ουδ.)	[maksilʲári]
kussenovertrek (de)	**μαξιλαροθήκη** (θηλ.)	[maksilʲaroθíki]
deken (de)	**πάπλωμα** (ουδ.)	[páplʲoma]
laken (het)	**σεντόνι** (ουδ.)	[sendóni]
sprei (de)	**κουβερλί** (ουδ.)	[kuverlí]

66. Keuken

keuken (de)	**κουζίνα** (θηλ.)	[kuzína]
gas (het)	**γκάζι** (ουδ.)	[gázi]
gasfornuis (het)	**κουζίνα με γκάζι** (θηλ.)	[kuzína me gázi]
elektrisch fornuis (het)	**ηλεκτρική κουζίνα** (θηλ.)	[ilektrikí kuzína]
oven (de)	**φούρνος** (αρ.)	[fúrnos]
magnetronoven (de)	**φούρνος μικροκυμάτων** (αρ.)	[fúrnos mikrokimáton]
koelkast (de)	**ψυγείο** (ουδ.)	[psiʝío]
diepvriezer (de)	**καταψύκτης** (αρ.)	[katapsíktis]
vaatwasmachine (de)	**πλυντήριο πιάτων** (ουδ.)	[plindírio piáton]
vleesmolen (de)	**κρεατομηχανή** (θηλ.)	[kreatomixaní]
vruchtenpers (de)	**αποχυμωτής** (αρ.)	[apoximotís]
toaster (de)	**φρυγανιέρα** (θηλ.)	[friɣaniéra]
mixer (de)	**μίξερ** (ουδ.)	[míkser]
koffiemachine (de)	**καφετιέρα** (θηλ.)	[kafetiéra]
koffiepot (de)	**καφετιέρα** (θηλ.)	[kafetiéra]
koffiemolen (de)	**μύλος του καφέ** (αρ.)	[mílʲos tu kafé]
fluitketel (de)	**βραστήρας** (αρ.)	[vrastíras]
theepot (de)	**τσαγιέρα** (θηλ.)	[tsaʝéra]
deksel (de/het)	**καπάκι** (ουδ.)	[kapáki]
theezeefje (het)	**σουρωτήρι τσαγιού** (ουδ.)	[surotíri tsaʝú]
lepel (de)	**κουτάλι** (ουδ.)	[kutáli]
theelepeltje (het)	**κουταλάκι του γλυκού** (ουδ.)	[kutalʲáki tu ɣlikú]
eetlepel (de)	**κουτάλι της σούπας** (ουδ.)	[kutáli tis súpas]
vork (de)	**πιρούνι** (ουδ.)	[pirúni]
mes (het)	**μαχαίρι** (ουδ.)	[maxéri]
vaatwerk (het)	**επιτραπέζια σκεύη** (ουδ.πλ.)	[epitrapézia skévi]
bord (het)	**πιάτο** (ουδ.)	[piáto]
schoteltje (het)	**πιατάκι** (ουδ.)	[piatáki]
likeurglas (het)	**σφηνοπότηρο** (ουδ.)	[sfinopótiro]
glas (het)	**ποτήρι** (ουδ.)	[potíri]

kopje (het)	**φλιτζάνι** (ουδ.)	[flidzáni]
suikerpot (de)	**ζαχαριέρα** (θηλ.)	[zaxariéra]
zoutvat (het)	**αλατιέρα** (θηλ.)	[alʲatiéra]
pepervat (het)	**πιπεριέρα** (θηλ.)	[piperiéra]
boterschaaltje (het)	**βουτυριέρα** (θηλ.)	[vutiriéra]
pan (de)	**κατσαρόλα** (θηλ.)	[katsarólʲa]
bakpan (de)	**τηγάνι** (ουδ.)	[tiɣáni]
pollepel (de)	**κουτάλα** (θηλ.)	[kutálʲa]
vergiet (de/het)	**σουρωτήρι** (ουδ.)	[surotíri]
dienblad (het)	**δίσκος** (αρ.)	[ðískos]
fles (de)	**μπουκάλι** (ουδ.)	[bukáli]
glazen pot (de)	**βάζο** (ουδ.)	[vázo]
blik (conserven~)	**κουτί** (ουδ.)	[kutí]
flesopener (de)	**ανοιχτήρι** (ουδ.)	[anixtíri]
blikopener (de)	**ανοιχτήρι** (ουδ.)	[anixtíri]
kurkentrekker (de)	**τιρμπουσόν** (ουδ.)	[tirbusón]
filter (de/het)	**φίλτρο** (ουδ.)	[fílʲtro]
filteren (ww)	**φιλτράρω**	[filʲtráro]
huisvuil (het)	**σκουπίδια** (ουδ.πλ.)	[skupíðia]
vuilnisemmer (de)	**κάδος σκουπιδιών** (αρ.)	[káðos skupiðión]

67. Badkamer

badkamer (de)	**μπάνιο** (ουδ.)	[bánio]
water (het)	**νερό** (ουδ.)	[neró]
kraan (de)	**βρύση** (ουδ.)	[vrísi]
warm water (het)	**ζεστό νερό** (ουδ.)	[zestó neró]
koud water (het)	**κρύο νερό** (ουδ.)	[krío neró]
tandpasta (de)	**οδοντόκρεμα** (θηλ.)	[oðondókrema]
tanden poetsen (ww)	**πλένω τα δόντια**	[pléno ta ðóndia]
zich scheren (ww)	**ξυρίζομαι**	[ksirízome]
scheercrème (de)	**αφρός ξυρίσματος** (αρ.)	[afrós ksirízmatos]
scheermes (het)	**ξυράφι** (ουδ.)	[ksiráfi]
wassen (ww)	**πλένω**	[pléno]
een bad nemen	**πλένομαι**	[plénome]
douche (de)	**ντους** (ουδ.)	[duz]
een douche nemen	**κάνω ντους**	[káno duz]
bad (het)	**μπανιέρα** (θηλ.)	[baniéra]
toiletpot (de)	**λεκάνη** (θηλ.)	[lekáni]
wastafel (de)	**νιπτήρας** (αρ.)	[niptíras]
zeep (de)	**σαπούνι** (ουδ.)	[sapúni]
zeepbakje (het)	**σαπουνοθήκη** (θηλ.)	[sapunoθíki]
spons (de)	**σφουγγάρι** (ουδ.)	[sfungári]
shampoo (de)	**σαμπουάν** (ουδ.)	[sambuán]

handdoek (de)	**πετσέτα** (θηλ.)	[petséta]
badjas (de)	**μπουρνούζι** (ουδ.)	[burnúzi]
was (bijv. handwas)	**μπουγάδα** (θηλ.)	[buɣáða]
wasmachine (de)	**πλυντήριο ρούχων** (ουδ.)	[plindírio rúxon]
de was doen	**πλένω τα σεντόνια**	[pléno ta sendónia]
waspoeder (de)	**απορρυπαντικό** (ουδ.)	[aporipandikó]

68. Huishoudelijke apparaten

televisie (de)	**τηλεόραση** (θηλ.)	[tileórasi]
cassettespeler (de)	**κασετόφωνο** (ουδ.)	[kasetófono]
videorecorder (de)	**συσκευή βίντεο** (θηλ.)	[siskeví vídeo]
radio (de)	**ραδιόφωνο** (ουδ.)	[raðiófono]
speler (de)	**πλέιερ** (ουδ.)	[pléjer]
videoprojector (de)	**βιντεοπροβολέας** (αρ.)	[videoprovoléas]
home theater systeem (het)	**οικιακός κινηματογράφος** (αρ.)	[ikiakós kinimatoɣráfos]
DVD-speler (de)	**συσκευή DVD** (θηλ.)	[siskeví dividí]
versterker (de)	**ενισχυτής** (αρ.)	[enisxitís]
spelconsole (de)	**κονσόλα παιχνιδιών** (θηλ.)	[konsólʲa pexniðion]
videocamera (de)	**βιντεοκάμερα** (θηλ.)	[videokámera]
fotocamera (de)	**φωτογραφική μηχανή** (θηλ.)	[fotoɣrafikí mixaní]
digitale camera (de)	**ψηφιακή φωτογραφική μηχανή** (θηλ.)	[psifiakí fotoɣrafikí mixaní]
stofzuiger (de)	**ηλεκτρική σκούπα** (θηλ.)	[ilektrikí skúpa]
strijkijzer (het)	**σίδερο** (ουδ.)	[síðero]
strijkplank (de)	**σιδερώστρα** (θηλ.)	[siðeróstra]
telefoon (de)	**τηλέφωνο** (ουδ.)	[tiléfono]
mobieltje (het)	**κινητό τηλέφωνο** (ουδ.)	[kinitó tiléfono]
schrijfmachine (de)	**γραφομηχανή** (θηλ.)	[ɣrafomixaní]
naaimachine (de)	**ραπτομηχανή** (θηλ.)	[raptomixaní]
microfoon (de)	**μικρόφωνο** (ουδ.)	[mikrófono]
koptelefoon (de)	**ακουστικά** (ουδ.πλ.)	[akustiká]
afstandsbediening (de)	**τηλεχειριστήριο** (ουδ.)	[tilexiristírio]
CD (de)	**συμπαγής δίσκος** (αρ.)	[simpaɉís ðískos]
cassette (de)	**κασέτα** (θηλ.)	[kaséta]
vinylplaat (de)	**δίσκος βινυλίου** (αρ.)	[ðískos vinilíu]

MENSELIJKE ACTIVITEITEN

Baan. Business. Deel 1

69. Kantoor. Op kantoor werken

kantoor (het)	**γραφείο** (ουδ.)	[ɣrafío]
kamer (de)	**γραφείο** (ουδ.)	[ɣrafío]
receptie (de)	**ρεσεψιόν** (θηλ.)	[resepsión]
secretaris (de)	**γραμματέας** (αρ./θηλ.)	[ɣramatéas]
directeur (de)	**διευθυντής** (αρ.)	[ðiefθindís]
manager (de)	**μάνατζερ** (αρ.)	[mánadzer]
boekhouder (de)	**λογιστής** (αρ.)	[lʲoʝistís]
werknemer (de)	**υπάλληλος** (αρ.)	[ipálilʲos]
meubilair (het)	**έπιπλα** (ουδ.πλ.)	[épiplʲa]
tafel (de)	**γραφείο** (ουδ.)	[ɣrafío]
bureaustoel (de)	**καρέκλα** (θηλ.)	[karéklʲa]
ladeblok (het)	**συρταριέρα** (θηλ.)	[sirtariéra]
kapstok (de)	**καλόγερος** (αρ.)	[kalʲóʝeros]
computer (de)	**υπολογιστής** (αρ.)	[ipolʲoʝistís]
printer (de)	**εκτυπωτής** (αρ.)	[ektipotís]
fax (de)	**φαξ** (ουδ.)	[faks]
kopieerapparaat (het)	**φωτοτυπικό μηχάνημα** (ουδ.)	[fototipikó mixánima]
papier (het)	**χαρτί** (ουδ.)	[xartí]
kantoorartikelen (mv.)	**χαρτικά** (ουδ.πλ.)	[xartiká]
muismat (de)	**μάους παντ** (ουδ.)	[máus pad]
blad (het)	**φύλλο** (ουδ.)	[fílʲo]
ordner (de)	**ντοσιέ** (ουδ.)	[dosié]
catalogus (de)	**κατάλογος** (αρ.)	[katálʲoɣos]
telefoongids (de)	**τηλεφωνικός κατάλογος** (αρ.)	[tilefonikós katálʲoɣos]
documentatie (de)	**έγγραφα** (ουδ.πλ.)	[éngrafa]
brochure (de)	**φυλλάδιο** (ουδ.)	[filʲáðio]
flyer (de)	**φυλλάδιο** (ουδ.)	[filʲáðio]
monster (het), staal (de)	**δείγμα** (ουδ.)	[ðíɣma]
training (de)	**σεμινάριο** (ουδ.)	[seminário]
vergadering (de)	**σύσκεψη** (θηλ.)	[sískepsi]
lunchpauze (de)	**μεσημεριανό διάλειμμα** (ουδ.)	[mesimerianó ðiálima]
een kopie maken	**κάνω αντίγραφο**	[káno andíɣrafo]
de kopieën maken	**κάνω αντίγραφα**	[káno andíɣrafa]
een fax ontvangen	**λαμβάνω φαξ**	[lʲamváno faks]

een fax versturen	στέλνω φαξ	[stélʲno faks]
opbellen (ww)	τηλεφωνώ	[tilefonó]
antwoorden (ww)	απαντώ	[apandó]
doorverbinden (ww)	συνδέω	[sinðéo]
afspreken (ww)	κλείνω ραντεβού	[klíno randevú]
demonstreren (ww)	επιδεικνύω	[epiðiknío]
absent zijn (ww)	απουσιάζω	[apusiázo]
afwezigheid (de)	απουσία (θηλ.)	[apusía]

70. Bedrijfsprocessen. Deel 1

zaak (de), beroep (het)	επάγγελμα (ουδ.)	[epángelʲma]
firma (de)	εταιρία (θηλ.)	[etería]
bedrijf (maatschap)	εταιρία (θηλ.)	[etería]
corporatie (de)	εταιρεία (θηλ.)	[etería]
onderneming (de)	οργανισμός (αρ.)	[orɣanizmós]
agentschap (het)	πρακτορείο (ουδ.)	[praktorío]
overeenkomst (de)	συμφωνία (θηλ.)	[simfonía]
contract (het)	συμβόλαιο (ουδ.)	[simvóleo]
transactie (de)	συμφωνία (θηλ.)	[simfonía]
bestelling (de)	παραγγελία (θηλ.)	[parangelía]
voorwaarde (de)	όρος (αρ.)	[óros]
in het groot (bw)	σε χονδρική	[se xonðrikí]
groothandels- (abn)	χοντρικός	[xondrikós]
groothandel (de)	χονδρικό εμπόριο (ουδ.)	[xonðrikó embório]
kleinhandels- (abn)	λιανικός	[lianikós]
kleinhandel (de)	λιανικό εμπόριο (ουδ.)	[lianikó embório]
concurrent (de)	ανταγωνιστής (αρ.)	[andaɣonistís]
concurrentie (de)	ανταγωνισμός (αρ.)	[andaɣonizmós]
concurreren (ww)	ανταγωνίζομαι	[andaɣonízome]
partner (de)	συνέταιρος (αρ.)	[sinéteros]
partnerschap (het)	σύμπραξη (θηλ.)	[símpraksi]
crisis (de)	κρίση (θηλ.)	[krísi]
bankroet (het)	χρεοκοπία (θηλ.)	[xreokopía]
bankroet gaan (ww)	χρεοκοπώ	[xreokopó]
moeilijkheid (de)	δυσκολία (θηλ.)	[ðiskolía]
probleem (het)	πρόβλημα (ουδ.)	[próvlima]
catastrofe (de)	καταστροφή (θηλ.)	[katastrofí]
economie (de)	οικονομία (θηλ.)	[ikonomía]
economisch (bn)	οικονομικός	[ikonomikós]
economische recessie (de)	οικονομική ύφεση (θηλ.)	[ikonomikí ifesi]
doel (het)	στόχος (αρ.)	[stóxos]
taak (de)	καθήκον (ουδ.)	[kaθíkon]
handelen (handel drijven)	εμπορεύομαι	[emborévome]
netwerk (het)	δίκτυο (ουδ.)	[ðíktio]

voorraad (de)	**απόθεμα** (ουδ.)	[apóθema]
assortiment (het)	**ποικιλία** (θηλ.)	[pikilía]
leider (de)	**αρχηγός** (αρ.)	[arxiɣós]
groot (bn)	**μεγάλος**	[meɣálʲos]
monopolie (het)	**μονοπώλιο** (ουδ.)	[monopólio]
theorie (de)	**θεωρία** (θηλ.)	[θeoría]
praktijk (de)	**πρακτική** (θηλ.)	[praktikí]
ervaring (de)	**εμπειρία** (θηλ.)	[embiría]
tendentie (de)	**τάση** (θηλ.)	[tási]
ontwikkeling (de)	**εξέλιξη** (θηλ.)	[ekséliksi]

71. Bedrijfsprocessen. Deel 2

voordeel (het)	**κέρδος** (ουδ.)	[kérðos]
voordelig (bn)	**κερδοφόρος**	[kerðofóros]
delegatie (de)	**αντιπροσωπεία** (θηλ.)	[andiprosopía]
salaris (het)	**μισθός** (αρ.)	[misθós]
corrigeren (fouten ~)	**διορθώνω**	[ðiorθóno]
zakenreis (de)	**επαγγελματικό ταξίδι** (ουδ.)	[epangelʲmatikó taksíði]
commissie (de)	**επιτροπή** (θηλ.)	[epitropí]
controleren (ww)	**ελέγχω**	[elénxo]
conferentie (de)	**συνέδριο** (ουδ.)	[sinéðrio]
licentie (de)	**άδεια** (θηλ.)	[áðia]
betrouwbaar (partner, enz.)	**αξιόπιστος**	[aksiópistos]
aanzet (de)	**πρωτοβουλία** (θηλ.)	[protovulía]
norm (bijv. ~ stellen)	**προδιαγραφή** (θηλ.)	[proðiaɣrafí]
omstandigheid (de)	**περίσταση** (θηλ.)	[perístasi]
taak, plicht (de)	**υποχρέωση** (θηλ.)	[ipoxréosi]
organisatie (bedrijf, zaak)	**οργάνωση** (θηλ.)	[orɣánosi]
organisatie (proces)	**οργάνωση** (θηλ.)	[orɣánosi]
georganiseerd (bn)	**οργανωμένος**	[orɣanoménos]
afzegging (de)	**ακύρωση** (θηλ.)	[akírosi]
afzeggen (ww)	**ακυρώνω**	[akiróno]
verslag (het)	**έκθεση, αναφορά** (θηλ.)	[ékθesi], [anaforá]
patent (het)	**πατέντα** (θηλ.)	[paténda]
patenteren (ww)	**πατεντάρω**	[patendáro]
plannen (ww)	**σχεδιάζω**	[sxeðiázo]
premie (de)	**μπόνους** (ουδ.)	[bónus]
professioneel (bn)	**επαγγελματικός**	[epangelʲmatikós]
procedure (de)	**διαδικασία** (θηλ.)	[ðiaðikasía]
onderzoeken (contract, enz.)	**εξετάζω**	[eksetázo]
berekening (de)	**υπολογισμός** (αρ.)	[ipolʲojizmós]
reputatie (de)	**υπόληψη** (θηλ.)	[ipólipsi]
risico (het)	**ρίσκο** (ουδ.)	[rísko]
beheren (managen)	**διευθύνω**	[ðiefθíno]

informatie (de)	**στοιχεία** (ουδ.πλ.)	[stixía]
eigendom (bezit)	**ιδιοκτησία** (θηλ.)	[iðioktisía]
unie (de)	**ένωση** (θηλ.)	[énosi]
levensverzekering (de)	**ασφάλιση ζωής** (θηλ.)	[asfálisi zoís]
verzekeren (ww)	**ασφαλίζω**	[asfalízo]
verzekering (de)	**ασφάλεια** (θηλ.)	[asfália]
veiling (de)	**δημοπρασία** (θηλ.)	[ðimoprasía]
verwittigen (ww)	**ειδοποιώ**	[iðopió]
beheer (het)	**διοίκηση** (θηλ.)	[ðiíkisi]
dienst (de)	**υπηρεσία** (θηλ.)	[ipiresía]
forum (het)	**φόρουμ** (ουδ.)	[fórum]
functioneren (ww)	**λειτουργώ**	[lituryó]
stap, etappe (de)	**στάδιο** (ουδ.)	[stáðio]
juridisch (bn)	**νομικός**	[nomikós]
jurist (de)	**νομικός** (αρ.)	[nomikós]

72. Productie. Werken

industriële installatie (fabriek)	**εργοστάσιο** (ουδ.)	[eryostásio]
fabriek (de)	**εργοστάσιο** (ουδ.)	[eryostásio]
werkplaatsruimte (de)	**εργαστήρι** (ουδ.)	[eryastíri]
productielocatie (de)	**παραγωγική μονάδα** (θηλ.)	[parayojikí monáða]
industrie (de)	**βιομηχανία** (θηλ.)	[viomixanía]
industrieel (bn)	**βιομηχανικός**	[viomixanikós]
zware industrie (de)	**βαριά βιομηχανία** (θηλ.)	[variá viomixanía]
lichte industrie (de)	**ελαφρά βιομηχανία** (θηλ.)	[el'afrá viomixanía]
productie (de)	**προϊόντα** (ουδ.πλ.)	[projónda]
produceren (ww)	**παράγω**	[paráyo]
grondstof (de)	**πρώτες ύλες** (θηλ.πλ.)	[prótes íles]
voorman, ploegbaas (de)	**εργοδηγός** (αρ.)	[eryoðiyós]
ploeg (de)	**ομάδα** (θηλ.)	[omáða]
arbeider (de)	**εργάτης** (αρ.)	[eryátis]
werkdag (de)	**εργάσιμη μέρα** (θηλ.)	[eryásimi méra]
pauze (de)	**διάλειμμα** (ουδ.)	[ðiálima]
samenkomst (de)	**σύσκεψη** (θηλ.)	[sískepsi]
bespreken (spreken over)	**συζητώ**	[sizitó]
plan (het)	**σχέδιο** (ουδ.)	[sxéðio]
het plan uitvoeren	**υλοποιώ το σχέδιο**	[il'opió to sxéðio]
productienorm (de)	**ρυθμός παραγωγής** (αρ.)	[riθmós parayojís]
kwaliteit (de)	**ποιότητα** (θηλ.)	[piótita]
controle (de)	**έλεγχος** (αρ.)	[élenxos]
kwaliteitscontrole (de)	**έλεγχος ποιότητας** (αρ.)	[élenxos piótitas]
arbeidsveiligheid (de)	**ασφάλεια της εργασίας** (θηλ.)	[asfália tis eryasías]
discipline (de)	**πειθαρχία** (θηλ.)	[piθarxía]
overtreding (de)	**παράβαση** (θηλ.)	[parávasi]

overtreden (ww)	**παραβιάζω**	[paraviázo]
staking (de)	**απεργία** (θηλ.)	[aperʝía]
staker (de)	**απεργός** (αρ.)	[aperɣós]
staken (ww)	**απεργώ**	[aperɣó]
vakbond (de)	**συνδικάτο** (ουδ.)	[sinðikáto]
uitvinden (machine, enz.)	**εφευρίσκω**	[efevrísko]
uitvinding (de)	**εφεύρεση** (θηλ.)	[efévresi]
onderzoek (het)	**έρευνα** (θηλ.)	[érevna]
verbeteren (beter maken)	**βελτιώνω**	[velʲtióno]
technologie (de)	**τεχνολογία** (θηλ.)	[texnolʲoʝía]
technische tekening (de)	**σχέδιο** (ουδ.)	[sxéðio]
vracht (de)	**φορτίο** (ουδ.)	[fortío]
lader (de)	**φορτωτής** (αρ.)	[fortotís]
laden (vrachtwagen)	**φορτώνω**	[fortóno]
laden (het)	**φόρτωση** (θηλ.)	[fórtosi]
lossen (ww)	**ξεφορτώνω**	[ksefortóno]
lossen (het)	**ξεφόρτωμα** (ουδ.)	[ksefórtoma]
transport (het)	**μεταφορά** (θηλ.)	[metaforá]
transportbedrijf (de)	**μεταφορική εταιρία** (θηλ.)	[metaforikí etería]
transporteren (ww)	**μεταφέρω**	[metaféro]
goederenwagon (de)	**φορτηγό βαγόνι** (ουδ.)	[fortiɣó vaɣóni]
tank (bijv. ketelwagen)	**δεξαμενή** (θηλ.)	[ðeksamení]
vrachtwagen (de)	**φορτηγό** (ουδ.)	[fortiɣó]
machine (de)	**εργαλειομηχανή** (θηλ.)	[erɣaliomixaní]
mechanisme (het)	**μηχανισμός** (αρ.)	[mixanizmós]
industrieel afval (het)	**βιομηχανικά απόβλητα** (ουδ.πλ.)	[viomixaniká apóvlita]
verpakking (de)	**συσκευασία** (θηλ.)	[siskevasía]
verpakken (ww)	**συσκευάζω**	[siskevázo]

73. Contract. Overeenstemming

contract (het)	**συμβόλαιο** (ουδ.)	[simvóleo]
overeenkomst (de)	**συμφωνία** (θηλ.)	[simfonía]
bijlage (de)	**παράρτημα** (ουδ.)	[parártima]
een contract sluiten	**υπογράφω συμβόλαιο**	[ipoɣráfo simvóleo]
handtekening (de)	**υπογραφή** (θηλ.)	[ipoɣrafí]
ondertekenen (ww)	**υπογράφω**	[ipoɣráfo]
stempel (de)	**σφραγίδα** (θηλ.)	[sfraʝíða]
voorwerp (het) van de overeenkomst	**αντικείμενο της συμβάσης** (ουδ.)	[andikímeno tis simvásis]
clausule (de)	**ρήτρα** (θηλ.)	[rítra]
partijen (mv.)	**συμβαλλόμενοι** (αρ.πλ.)	[simvalʲómeni]
vestigingsadres (het)	**διεύθυνση εγγεγραμμένου γραφείου** (θηλ.)	[ðiéfθinsi engeɣraménu ɣrafíu]
het contract verbreken (overtreden)	**παραβιάζω τη σύμβαση**	[paraviázo ti símvasi]

verplichting (de) υποχρέωση (θηλ.) [ipoxréosi]
verantwoordelijkheid (de) ευθύνη (θηλ.) [efθíni]
overmacht (de) ανωτέρα βία (θηλ.) [anotéra vía]
geschil (het) διαφωνία, διαφορά (θηλ.) [ðiafonía], [ðiaforá]
sancties (mv.) κυρώσεις (θηλ.πλ.) [kirósis]

74. Import & Export

import (de) εισαγωγή (θηλ.) [isaɣojí]
importeur (de) εισαγωγέας (αρ.) [isaɣojéas]
importeren (ww) εισάγω [isáɣo]
import- (abn) εισαγόμενος [isaɣómenos]

exporteur (de) εξαγωγέας (αρ.) [eksaɣojéas]
exporteren (ww) εξάγω [eksáɣo]

goederen (mv.) εμπόρευμα (ουδ.) [embórevma]
partij (de) παρτίδα (θηλ.) [partíða]

gewicht (het) βάρος (ουδ.) [város]
volume (het) όγκος (αρ.) [óngos]
kubieke meter (de) κυβικό μέτρο (ουδ.) [kivikó métro]

producent (de) παραγωγός (αρ.) [paraɣoɣós]
transportbedrijf (de) μεταφορική εταιρία (θηλ.) [metaforikí etería]
container (de) εμπορευματοκιβώτιο (ουδ.) [emborevmatokivótio]

grens (de) σύνορο (ουδ.) [sínoro]
douane (de) τελωνείο (ουδ.) [telʲonío]
douanerecht (het) τελωνειακός δασμός (αρ.) [telʲoniakós ðazmós]
douanier (de) τελωνειακός (αρ.) [telʲoniakós]
smokkelen (het) λαθρεμπόριο (ουδ.) [lʲaθrembório]
smokkelwaar (de) λαθραία εμπορεύματα (ουδ.πλ.) [lʲaθréa emborévmata]

75. Financiën

aandeel (het) μετοχή (θηλ.) [metoxí]
obligatie (de) ομόλογο (ουδ.) [omólʲoɣo]
wissel (de) γραμμάτιο (ουδ.) [ɣramátio]

beurs (de) χρηματιστήριο (ουδ.) [xrimatistírio]
aandelenkoers (de) τιμή μετοχής (θηλ.) [timí metoxís]

dalen (ww) πέφτω [péfto]
stijgen (ww) ακριβαίνω [akrivéno]

meerderheidsbelang (het) ελέγχουσα συμμετοχή (θηλ.) [elénxusa simetoxí]
investeringen (mv.) επενδύσεις (θηλ.πλ.) [epenðísis]
investeren (ww) επενδύω [epenðío]
procent (het) τοις εκατό [tis ekató]
rente (de) τόκος (αρ.) [tókos]

winst (de)	**κέρδος** (ουδ.)	[kérðos]
winstgevend (bn)	**κερδοφόρος**	[kerðofóros]
belasting (de)	**φόρος** (αρ.)	[fóros]
valuta (vreemde ~)	**συνάλλαγμα** (ουδ.)	[sinálʲaɣma]
nationaal (bn)	**εθνικός**	[eθnikós]
ruil (de)	**ανταλλαγή** (θηλ.)	[andalʲaʝí]
boekhouder (de)	**λογιστής** (αρ.)	[lʲoʝistís]
boekhouding (de)	**λογιστήριο** (αρ.)	[lʲoʝistírio]
bankroet (het)	**χρεοκοπία** (θηλ.)	[xreokopía]
ondergang (de)	**κατάρρευση** (θηλ.)	[katárefsi]
faillissement (het)	**χρεοκοπία** (θηλ.)	[xreokopía]
geruïneerd zijn (ww)	**χρεοκοπώ**	[xreokopó]
inflatie (de)	**πληθωρισμός** (αρ.)	[pliθorizmós]
devaluatie (de)	**υποτίμηση** (θηλ.)	[ipotímisi]
kapitaal (het)	**κεφάλαιο** (ουδ.)	[kefáleo]
inkomen (het)	**κέρδος** (ουδ.)	[kérðos]
omzet (de)	**τζίρος** (αρ.)	[dzíros]
middelen (mv.)	**πόροι** (αρ.πλ.)	[póri]
financiële middelen (mv.)	**νομισματικοί πόροι** (αρ.πλ.)	[nomizmatikí póri]
reduceren (kosten ~)	**μειώνω**	[mióno]

76. Marketing

marketing (de)	**μάρκετινγκ** (ουδ.)	[márketing]
markt (de)	**αγορά** (θηλ.)	[aɣorá]
marktsegment (het)	**τμήμα αγοράς** (ουδ.)	[tmíma aɣorás]
product (het)	**προϊόν** (ουδ.)	[projón]
goederen (mv.)	**εμπόρευμα** (ουδ.)	[embórevma]
merk (het)	**εμπορικό σήμα** (ουδ.)	[emborikó síma]
beeldmerk (het)	**λογότυπο** (ουδ.)	[lʲoɣótipo]
logo (het)	**λογότυπο** (ουδ.)	[lʲoɣótipo]
vraag (de)	**ζήτηση** (θηλ.)	[zítisi]
aanbod (het)	**προσφορά** (θηλ.)	[prosforá]
behoefte (de)	**ανάγκη** (θηλ.)	[anángi]
consument (de)	**καταναλωτής** (αρ.)	[katanalʲotís]
analyse (de)	**ανάλυση** (θηλ.)	[análisi]
analyseren (ww)	**αναλύω**	[analío]
positionering (de)	**τοποθέτηση** (θηλ.)	[topoθétisi]
positioneren (ww)	**τοποθετώ**	[topoθetó]
prijs (de)	**τιμή** (θηλ.)	[timí]
prijspolitiek (de)	**πολιτική τιμών** (θηλ.)	[politikí timón]
prijsvorming (de)	**τιμολόγηση** (θηλ.)	[timolʲóʝisi]

77. Reclame

reclame (de)	**διαφήμιση** (θηλ.)	[ðiafímisi]
adverteren (ww)	**διαφημίζω**	[ðiafimízo]
budget (het)	**προϋπολογισμός** (αρ.)	[proipolʲojizmós]
advertentie, reclame (de)	**διαφήμιση** (θηλ.)	[ðiafímisi]
TV-reclame (de)	**τηλεοπτική διαφήμιση** (θηλ.)	[tileoptikí ðiafímisi]
radioreclame (de)	**ραδιοφωνική διαφήμιση** (θηλ.)	[raðiofonikí ðiafímisi]
buitenreclame (de)	**εξωτερική διαφήμιση** (θηλ.)	[eksoterikí ðiafímisi]
massamedia (de)	**μέσα μαζικής ενημέρωσης** (ουδ.πλ.)	[mésa mazikís enimérosis]
periodiek (de)	**περιοδικό** (ουδ.)	[perioðikó]
imago (het)	**εικόνα** (θηλ.)	[ikóna]
slagzin (de)	**σύνθημα** (ουδ.)	[sínθima]
motto (het)	**μότο** (ουδ.)	[móto]
campagne (de)	**καμπάνια** (θηλ.)	[kambánia]
reclamecampagne (de)	**διαφημιστική καμπάνια** (θηλ.)	[ðiafimistikí kambánia]
doelpubliek (het)	**ομάδα στόχος** (θηλ.)	[omáða stóxos]
visitekaartje (het)	**επαγγελματική κάρτα** (θηλ.)	[epangelʲmatikí kárta]
flyer (de)	**φυλλάδιο** (ουδ.)	[filʲáðio]
brochure (de)	**φυλλάδιο** (ουδ.)	[filʲáðio]
folder (de)	**φυλλάδιο** (ουδ.)	[filʲáðio]
nieuwsbrief (de)	**ενημερωτικό δελτίο** (ουδ.)	[enimerotikó ðelʲtío]
gevelreclame (de)	**ταμπέλα** (θηλ.)	[tabélʲa]
poster (de)	**αφίσα, πόστερ** (ουδ.)	[afísa], [póster]
aanplakbord (het)	**διαφημιστική πινακίδα** (θηλ.)	[ðiafimistikí pinakíða]

78. Bankieren

bank (de)	**τράπεζα** (θηλ.)	[trápeza]
bankfiliaal (het)	**κατάστημα** (ουδ.)	[katástima]
bankbediende (de)	**υπάλληλος** (αρ.)	[ipálilʲos]
manager (de)	**διευθυντής** (αρ.)	[ðiefθindís]
bankrekening (de)	**λογαριασμός** (αρ.)	[lʲoɣariazmós]
rekeningnummer (het)	**αριθμός λογαριασμού** (αρ.)	[ariθmós lʲoɣariazmú]
lopende rekening (de)	**τρεχούμενος λογαριασμός** (αρ.)	[trexúmenos lʲoɣariazmós]
een rekening openen	**ανοίγω λογαριασμό**	[aníɣo lʲoɣariazmó]
de rekening sluiten	**κλείνω λογαριασμό**	[klíno lʲoɣariazmó]
op rekening storten	**καταθέτω στο λογαριασμό**	[kataθéto sto lʲoɣariazmó]
opnemen (ww)	**κάνω ανάληψη**	[káno análipsi]
storting (de)	**κατάθεση** (θηλ.)	[katáθesi]

een storting maken	**καταθέτω**	[kataθéto]
overschrijving (de)	**έμβασμα** (ουδ.)	[émvazma]
een overschrijving maken	**εμβάζω**	[emvázo]
som (de)	**ποσό** (ουδ.)	[posó]
Hoeveel?	**Πόσο κάνει;**	póso káni?
handtekening (de)	**υπογραφή** (θηλ.)	[ipoɣrafí]
ondertekenen (ww)	**υπογράφω**	[ipoɣráfo]
kredietkaart (de)	**πιστωτική κάρτα** (θηλ.)	[pistotikí kárta]
code (de)	**κωδικός** (αρ.)	[koðikós]
kredietkaartnummer (het)	**αριθμός πιστωτικής κάρτας** (αρ.)	[ariθmós pistotikís kártas]
geldautomaat (de)	**ATM** (ουδ.)	[eitiém]
cheque (de)	**επιταγή** (θηλ.)	[epitaʝí]
een cheque uitschrijven	**κόβω επιταγή**	[kóvo epitaʝí]
chequeboekje (het)	**βιβλιάριο επιταγών** (ουδ.)	[vivliário epitaɣón]
lening, krediet (de)	**δάνειο** (ουδ.)	[ðánio]
een lening aanvragen	**υποβάλλω αίτηση για δάνειο**	[ipovál^j^o étisi ʝa ðánio]
een lening nemen	**παίρνω δάνειο**	[pérno ðánio]
een lening verlenen	**παρέχω δάνειο**	[paréxo ðánio]

79. Telefoon. Telefoongesprek

telefoon (de)	**τηλέφωνο** (ουδ.)	[tiléfono]
mobieltje (het)	**κινητό τηλέφωνο** (ουδ.)	[kinitó tiléfono]
antwoordapparaat (het)	**τηλεφωνητής** (αρ.)	[tilefonitís]
bellen (ww)	**τηλεφωνώ**	[tilefonó]
belletje (telefoontje)	**κλήση** (θηλ.)	[klísi]
een nummer draaien	**καλώ έναν αριθμό**	[kal^j^ó énan ariθmó]
Hallo!	**Εμπρός!**	[embrós]
vragen (ww)	**ρωτάω**	[rotáo]
antwoorden (ww)	**απαντώ**	[apandó]
horen (ww)	**ακούω**	[akúo]
goed (bw)	**καλά**	[kal^j^á]
slecht (bw)	**χάλια**	[xália]
storingen (mv.)	**παρεμβολές** (θηλ.πλ.)	[paremvolés]
hoorn (de)	**ακουστικό** (ουδ.)	[akustikó]
opnemen (ww)	**σηκώνω το ακουστικό**	[sikóno to akustikó]
ophangen (ww)	**κλείνω το τηλεφώνο**	[klíno to tiléfono]
bezet (bn)	**κατειλημμένος**	[katiliménos]
overgaan (ww)	**χτυπάω**	[xtipáo]
telefoonboek (het)	**τηλεφωνικός κατάλογος** (αρ.)	[tilefonikós katál^j^oɣos]

lokaal (bn)	**τοπική**	[topikí]
interlokaal (bn)	**υπεραστική**	[iperastikí]
buitenlands (bn)	**διεθνής**	[ðieθnís]

80. Mobiele telefoon

mobieltje (het)	**κινητό τηλέφωνο** (ουδ.)	[kinitó tiléfono]
scherm (het)	**οθόνη** (θηλ.)	[oθóni]
toets, knop (de)	**κουμπί** (ουδ.)	[kumbí]
simkaart (de)	**κάρτα SIM** (θηλ.)	[kárta sim]
batterij (de)	**μπαταρία** (θηλ.)	[batarίa]
leeg zijn (ww)	**εξαντλούμαι**	[eksantlʲúme]
acculader (de)	**φορτιστής** (αρ.)	[fortistís]
menu (het)	**μενού** (ουδ.)	[menú]
instellingen (mv.)	**ρυθμίσεις** (θηλ.πλ.)	[riθmísis]
melodie (beltoon)	**μελωδία** (θηλ.)	[melʲoðía]
selecteren (ww)	**επιλέγω**	[epiléɣo]
rekenmachine (de)	**αριθμομηχανή** (θηλ.)	[ariθmomixaní]
voicemail (de)	**τηλεφωνητής** (αρ.)	[tilefonitís]
wekker (de)	**ξυπνητήρι** (ουδ.)	[ksipnitíri]
contacten (mv.)	**επαφές** (θηλ.πλ.)	[epafés]
SMS-bericht (het)	**μήνυμα SMS** (ουδ.)	[mínima esemés]
abonnee (de)	**συνδρομητής** (αρ.)	[sinðromitís]

81. Schrijfbehoeften

balpen (de)	**στιλό διαρκείας** (ουδ.)	[stilʲó ðiarkías]
vulpen (de)	**πέννα** (θηλ.)	[péna]
potlood (het)	**μολύβι** (ουδ.)	[molívi]
marker (de)	**μαρκαδόρος** (αρ.)	[markaðóros]
viltstift (de)	**μαρκαδόρος** (αρ.)	[markaðóros]
notitieboekje (het)	**μπλοκ** (ουδ.)	[blʲok]
agenda (boekje)	**ατζέντα** (θηλ.)	[adzénda]
liniaal (de/het)	**χάρακας** (αρ.)	[xárakas]
rekenmachine (de)	**αριθμομηχανή** (θηλ.)	[ariθmomixaní]
gom (de)	**γόμα** (θηλ.)	[ɣóma]
punaise (de)	**πινέζα** (θηλ.)	[pinéza]
paperclip (de)	**συνδετήρας** (αρ.)	[sinðetíras]
lijm (de)	**κόλλα** (θηλ.)	[kólʲa]
nietmachine (de)	**συρραπτικό** (ουδ.)	[siraptikó]
perforator (de)	**περφορατέρ** (ουδ.)	[perforatér]
potloodslijper (de)	**ξύστρα** (θηλ.)	[ksístra]

82. Soorten bedrijven

boekhouddiensten (mv.)	**λογιστικές υπηρεσίες** (θηλ.πλ.)	[lʲojistikés iperisíes]
reclame (de)	**διαφήμιση** (θηλ.)	[ðiafímisi]
reclamebureau (het)	**διαφημιστικό πρακτορείο** (ουδ.)	[ðiafimistikó praktorío]
airconditioning (de)	**κλιματιστικά** (ουδ.πλ.)	[klimatistiká]
luchtvaartmaatschappij (de)	**αεροπορική εταιρεία** (θηλ.)	[aeroporikí etería]
alcoholische dranken (mv.)	**αλκοολούχα ποτά** (ουδ.πλ.)	[alʲkoolʲúxa potá]
antiek (het)	**αντίκες** (θηλ.πλ.)	[andíkes]
kunstgalerie (de)	**γκαλερί** (θηλ.)	[galerí]
audit diensten (mv.)	**ελεγκτικές υπηρεσίες** (θηλ.πλ.)	[elengtikés iperisíes]
banken (mv.)	**τραπεζικός τομέας** (αρ.)	[trapezikós toméas]
bar (de)	**μπαρ** (ουδ.)	[bar]
schoonheidssalon (de/het)	**κέντρο ομορφιάς** (ουδ.)	[kéndro omorfiás]
boekhandel (de)	**βιβλιοπωλείο** (ουδ.)	[vivliopolío]
bierbrouwerij (de)	**ζυθοποιία** (θηλ.)	[ziθopiía]
zakencentrum (het)	**κτίριο γραφείων** (ουδ.)	[ktírio ɣrafíon]
business school (de)	**σχολή επιχειρήσεων** (θηλ.)	[sxolí epixiríseon]
casino (het)	**καζίνο** (ουδ.)	[kazíno]
bouwbedrijven (mv.)	**κατασκευές** (θηλ.πλ.)	[kataskevés]
adviesbureau (het)	**συμβουλευτικές υπηρεσίες** (θηλ.πλ.)	[simvuleftikés ipiresíes]
tandheelkunde (de)	**οδοντιατρική κλινική** (θηλ.)	[oðondiatrikí klinikí]
design (het)	**σχεδιασμός** (αρ.)	[sxeðiazmós]
apotheek (de)	**φαρμακείο** (ουδ.)	[farmakío]
stomerij (de)	**στεγνοκαθαριστήριο** (ουδ.)	[steɣnokaθaristírio]
uitzendbureau (het)	**γραφείο ευρέσεως εργασίας** (ουδ.)	[ɣrafío évresis erɣasías]
financiële diensten (mv.)	**χρηματοοικονομικές υπηρεσίες** (θηλ.πλ.)	[xrimatikonomikés ipiresíes]
voedingswaren (mv.)	**τρόφιμα** (ουδ.πλ.)	[trófima]
uitvaartcentrum (het)	**γραφείο τελετών** (ουδ.)	[ɣrafío teletón]
meubilair (het)	**έπιπλα** (ουδ.πλ.)	[épiplʲa]
kleding (de)	**ενδύματα** (ουδ.πλ.)	[enðímata]
hotel (het)	**ξενοδοχείο** (ουδ.)	[ksenoðoxío]
ijsje (het)	**παγωτό** (ουδ.)	[paɣotó]
industrie (de)	**βιομηχανία** (θηλ.)	[viomixanía]
verzekering (de)	**ασφάλιση** (θηλ.)	[asfálisi]
Internet (het)	**διαδίκτυο** (ουδ.)	[ðiaðíktio]
investeringen (mv.)	**επενδύσεις** (θηλ.πλ.)	[epenðísis]
juwelier (de)	**κοσμηματοπώλης** (αρ.)	[kozmimatopólis]
juwelen (mv.)	**κοσμήματα** (ουδ.πλ.)	[kozmímata]
wasserette (de)	**καθαριστήριο ρούχων** (ουδ.)	[kaθaristírio rúxon]
juridische diensten (mv.)	**νομικός σύμβουλος** (αρ.)	[nomikós símvulʲos]
lichte industrie (de)	**ελαφρά βιομηχανία** (θηλ.)	[elʲafrá viomixanía]

tijdschrift (het)	**περιοδικό** (ουδ.)	[perioðikó]
postorderbedrijven (mv.)	**πωλήσεις με αλληλογραφία** (θηλ.πλ.)	[polísis me aliloɣrafía]
medicijnen (mv.)	**ιατρική** (θηλ.)	[jatrikí]
bioscoop (de)	**κινηματογράφος** (αρ.)	[kinimatoɣráfos]
museum (het)	**μουσείο** (ουδ.)	[musío]
persbureau (het)	**ειδησεογραφικό πρακτορείο** (ουδ.)	[iðiseoɣrafikó praktorío]
krant (de)	**εφημερίδα** (θηλ.)	[efimeríða]
nachtclub (de)	**νυχτερινό κέντρο** (ουδ.)	[nixterinó kéndro]
olie (aardolie)	**πετρέλαιο** (ουδ.)	[petréleo]
koerierdienst (de)	**υπηρεσία ταχυμεταφοράς** (θηλ.)	[ipiresía taximetaforás]
farmacie (de)	**φαρμακοποιία** (θηλ.)	[farmakopiía]
drukkerij (de)	**τυπογραφία** (θηλ.)	[tipoɣrafía]
uitgeverij (de)	**εκδοτικός οίκος** (αρ.)	[ekðotikós íkos]
radio (de)	**ραδιόφωνο** (ουδ.)	[raðiófono]
vastgoed (het)	**ακίνητη περιουσία** (θηλ.)	[akíniti periusía]
restaurant (het)	**εστιατόριο** (ουδ.)	[estiatório]
bewakingsfirma (de)	**εταιρεία παροχής υπηρεσιών ασφαλείας** (θηλ.)	[etería paroxís ipiresión asfalías]
sport (de)	**αθλητισμός** (αρ.)	[aθlitizmós]
handelsbeurs (de)	**χρηματιστήριο** (ουδ.)	[xrimatistírio]
winkel (de)	**κατάστημα** (ουδ.)	[katástima]
supermarkt (de)	**σουπερμάρκετ** (ουδ.)	[supermárket]
zwembad (het)	**πισίνα** (θηλ.)	[pisína]
naaiatelier (het)	**ραφτάδικο** (ουδ.)	[raftáðiko]
televisie (de)	**τηλεόραση** (θηλ.)	[tileórasi]
theater (het)	**θέατρο** (ουδ.)	[θéatro]
handel (de)	**εμπόριο** (ουδ.)	[embório]
transport (het)	**μεταφορά** (θηλ.)	[metaforá]
toerisme (het)	**τουρισμός** (αρ.)	[turizmós]
dierenarts (de)	**κτηνίατρος** (αρ.)	[ktiníatros]
magazijn (het)	**αποθήκη** (θηλ.)	[apoθíki]
afvalinzameling (de)	**αποκομιδή απορριμάτων** (θηλ.)	[apokomiðí aporimáton]

Baan. Business. Deel 2

83. Show. Tentoonstelling

beurs (de)	**έκθεση** (θηλ.)	[ékθesi]
vakbeurs, handelsbeurs (de)	**εμπορική έκθεση** (θηλ.)	[emborikí ékθesi]
deelneming (de)	**συμμετοχή** (θηλ.)	[simetoxí]
deelnemen (ww)	**συμμετέχω**	[simetéxo]
deelnemer (de)	**εκθέτης** (αρ.)	[ekθétis]
directeur (de)	**διευθυντής** (αρ.)	[ðiefθindís]
organisatiecomité (het)	**διοργανώτρια εταιρεία** (αρ.)	[ðioryanótria etería]
organisator (de)	**οργανωτής** (αρ.)	[oryanotís]
organiseren (ww)	**διοργανώνω**	[ðioryanóno]
deelnemingsaanvraag (de)	**δήλωση συμμετοχής** (θηλ.)	[ðílʲosi simetoxís]
invullen (een formulier ~)	**συμπληρώνω**	[simbliróno]
details (mv.)	**λεπτομέρειες** (θηλ.πλ.)	[leptoméries]
informatie (de)	**πληροφορίες** (θηλ.πλ.)	[pliroforíes]
prijs (de)	**τιμή** (θηλ.), **κόστος** (ουδ.)	[timí], [kóstos]
inclusief (bijv. ~ BTW)	**συμπεριλαμβανομένου**	[simberilʲamvanoménu]
inbegrepen (alles ~)	**συμπεριλαμβάνω**	[simberilʲamváno]
betalen (ww)	**πληρώνω**	[pliróno]
registratietarief (het)	**κόστος εγγραφής** (ουδ.)	[kóstos engrafís]
ingang (de)	**είσοδος** (θηλ.)	[ísoðos]
paviljoen (het), hal (de)	**αίθουσα** (θηλ.), **περίπτερο** (ουδ.)	[éθusa], [períptero]
registreren (ww)	**καταχωρώ**	[kataxoró]
badge, kaart (de)	**κονκάρδα** (θηλ.)	[konkárða]
beursstand (de)	**περίπτερο** (ουδ.)	[períptero]
reserveren (een stand ~)	**κλείνω**	[klíno]
vitrine (de)	**βιτρίνα** (θηλ.)	[vitrína]
licht (het)	**προβολέας** (αρ.)	[provoléas]
design (het)	**σχεδιασμός** (αρ.)	[sxeðiazmós]
plaatsen (ww)	**τοποθετώ**	[topoθetó]
distributeur (de)	**διανομέας** (αρ.)	[ðianoméas]
leverancier (de)	**προμηθευτής** (αρ.)	[promiθeftís]
land (het)	**χώρα** (θηλ.)	[xóra]
buitenlands (bn)	**ξένος**	[ksénos]
product (het)	**προϊόν** (ουδ.)	[projón]
associatie (de)	**σύλλογος** (αρ.)	[sílʲoyos]
conferentiezaal (de)	**αίθουσα συνεδριάσεων** (θηλ.)	[éθusa sineðriáseon]

congres (het)	**συνέδριο** (ουδ.)	[sinéðrio]
wedstrijd (de)	**διαγωνισμός** (αρ.)	[ðiaɣonizmós]
bezoeker (de)	**επισκέπτης** (αρ.)	[episképtis]
bezoeken (ww)	**επισκέπτομαι**	[episképtome]
afnemer (de)	**πελάτης** (αρ.)	[peʎátis]

84. Wetenschap. Onderzoek. Wetenschappers

wetenschap (de)	**επιστήμη** (θηλ.)	[epistími]
wetenschappelijk (bn)	**επιστημονικός**	[epistimonikós]
wetenschapper (de)	**επιστήμονας** (αρ.)	[epistímonas]
theorie (de)	**θεωρία** (θηλ.)	[θeoría]
axioma (het)	**αξίωμα** (ουδ.)	[aksíoma]
analyse (de)	**ανάλυση** (θηλ.)	[análisi]
analyseren (ww)	**αναλύω**	[analío]
argument (het)	**επιχείρημα** (ουδ.)	[epixírima]
substantie (de)	**ουσία** (θηλ.)	[usía]
hypothese (de)	**υπόθεση** (θηλ.)	[ipóθesi]
dilemma (het)	**δίλημμα** (ουδ.)	[ðílima]
dissertatie (de)	**διατριβή** (θηλ.)	[ðiatriví]
dogma (het)	**δόγμα** (ουδ.)	[ðóɣma]
doctrine (de)	**δοξασία** (θηλ.)	[ðoksasía]
onderzoek (het)	**έρευνα** (θηλ.)	[érevna]
onderzoeken (ww)	**ερευνώ**	[erevnó]
toetsing (de)	**δοκιμές** (θηλ.πλ.)	[ðokimés]
laboratorium (het)	**εργαστήριο** (ουδ.)	[erɣastírio]
methode (de)	**μέθοδος** (θηλ.)	[méθoðos]
molecule (de/het)	**μόριο** (ουδ.)	[mório]
monitoring (de)	**παρακολούθηση** (θηλ.)	[parakoʎúθisi]
ontdekking (de)	**ανακάλυψη** (θηλ.)	[anakálipsi]
postulaat (het)	**αξίωμα** (ουδ.)	[aksíoma]
principe (het)	**αρχή** (θηλ.)	[arxí]
voorspelling (de)	**πρόγνωση** (θηλ.)	[próɣnosi]
een prognose maken	**προβλέπω**	[provlépo]
synthese (de)	**σύνθεση** (θηλ.)	[sínθesi]
tendentie (de)	**τάση** (θηλ.)	[tási]
theorema (het)	**θεώρημα** (ουδ.)	[θeórima]
leerstellingen (mv.)	**διδαχές** (θηλ.πλ.)	[ðiðaxés]
feit (het)	**γεγονός** (ουδ.)	[ʝeɣonós]
expeditie (de)	**αποστολή** (θηλ.)	[apostolí]
experiment (het)	**πείραμα** (ουδ.)	[pírama]
academicus (de)	**ακαδημαϊκός** (αρ.)	[akaðimaikós]
bachelor (bijv. BA, LLB)	**πτυχιούχος** (αρ.)	[ptixiúxos]
doctor (de)	**δόκτορας** (αρ.)	[ðóktoras]
universitair docent (de)	**επίκουρος καθηγητής** (αρ.)	[epíkuros kaθiʝitís]

master, magister (de)	κάτοχος μάστερ (αρ.)	[kátoxos máster]
professor (de)	καθηγητής (αρ.)	[kaθijitís]

Beroepen en ambachten

85. Zoeken naar werk. Ontslag

baan (de)	**δουλειά** (θηλ.)	[ðuliá]
personeel (het)	**προσωπικό** (ουδ.)	[prosopikó]
carrière (de)	**καριέρα** (θηλ.)	[kariéra]
vooruitzichten (mv.)	**προοπτικές** (θηλ.πλ.)	[prooptikés]
meesterschap (het)	**μαστοριά** (θηλ.)	[mastoriá]
keuze (de)	**επιλογή** (θηλ.)	[epiloʝí]
uitzendbureau (het)	**γραφείο ευρέσεως εργασίας** (ουδ.)	[ɣrafío évresis erɣasías]
CV, curriculum vitae (het)	**βιογραφικό** (ουδ.)	[vioɣrafikó]
sollicitatiegesprek (het)	**συνέντευξη** (θηλ.)	[sinéndefksi]
vacature (de)	**κενή θέση** (θηλ.)	[kení θési]
salaris (het)	**μισθός** (αρ.)	[misθós]
vaste salaris (het)	**άκαμπτος μισθός** (αρ.)	[ákamptos misθós]
loon (het)	**αμοιβή** (θηλ.)	[amiví]
betrekking (de)	**θέση** (θηλ.)	[θési]
taak, plicht (de)	**υποχρέωση** (θηλ.)	[ipoxréosi]
takenpakket (het)	**φάσμα καθηκόντων** (ουδ.)	[fázma kaθikóndon]
bezig (~ zijn)	**απασχολημένος**	[apasxoliménos]
ontslagen (ww)	**απολύω**	[apolío]
ontslag (het)	**απόλυση** (θηλ.)	[apólisi]
werkloosheid (de)	**ανεργία** (θηλ.)	[anerʝía]
werkloze (de)	**άνεργος** (αρ.)	[áneryos]
pensioen (het)	**σύνταξη** (θηλ.)	[síndaksi]
met pensioen gaan	**βγαίνω σε σύνταξη**	[vʝéno se síndaksi]

86. Zakenmensen

directeur (de)	**διευθυντής** (αρ.)	[ðiefθindís]
beheerder (de)	**διευθυντής** (αρ.)	[ðiefθindís]
hoofd (het)	**διαχειριστής** (αρ.)	[ðiaxiristís]
baas (de)	**προϊστάμενος** (αρ.)	[projstámenos]
superieuren (mv.)	**προϊστάμενοι** (πλ.)	[projstámeni]
president (de)	**πρόεδρος** (αρ.)	[próeðros]
voorzitter (de)	**πρόεδρος** (αρ.)	[próeðros]
adjunct (de)	**αναπληρωτής** (αρ.)	[anaplirotís]
assistent (de)	**βοηθός** (αρ.)	[voiθós]

secretaris (de)	**γραμματέας** (αρ./θηλ.)	[ɣramatéas]
persoonlijke assistent (de)	**προσωπικός γραμματέας** (αρ.)	[prosopikós ɣramatéas]
zakenman (de)	**μπίζνεσμαν** (αρ.)	[bíznezman]
ondernemer (de)	**επιχειρηματίας** (αρ.)	[epixirimatías]
oprichter (de)	**ιδρυτής** (αρ.)	[iðritís]
oprichten (een nieuw bedrijf ~)	**ιδρύω**	[iðrío]
stichter (de)	**ιδρυτής** (αρ.)	[iðritís]
partner (de)	**συνέταιρος** (αρ.)	[sinéteros]
aandeelhouder (de)	**μέτοχος** (αρ.)	[métoxos]
miljonair (de)	**εκατομμυριούχος** (αρ.)	[ekatomiriúxos]
miljardair (de)	**δισεκατομμυριούχος** (αρ.)	[ðisekatomiriúxos]
eigenaar (de)	**ιδιοκτήτης** (αρ.)	[iðioktítis]
landeigenaar (de)	**κτηματίας** (αρ.)	[ktimatías]
klant (de)	**πελάτης** (αρ.)	[pelʲátis]
vaste klant (de)	**τακτικός πελάτης** (αρ.)	[taktikós pelʲátis]
koper (de)	**αγοραστής** (αρ.)	[aɣorastís]
bezoeker (de)	**επισκέπτης** (αρ.)	[episképtis]
professioneel (de)	**επαγγελματίας** (αρ.)	[epangelʲmatías]
expert (de)	**ειδήμονας** (αρ.)	[iðímonas]
specialist (de)	**ειδικός** (αρ.)	[iðikós]
bankier (de)	**τραπεζίτης** (αρ.)	[trapezítis]
makelaar (de)	**μεσίτης** (αρ.)	[mesítis]
kassier (de)	**ταμίας** (αρ./θηλ.)	[tamías]
boekhouder (de)	**λογιστής** (αρ.)	[lʲojistís]
bewaker (de)	**φρουρός** (αρ.)	[fílʲakas]
investeerder (de)	**επενδυτής** (αρ.)	[epenðitís]
schuldenaar (de)	**χρεώστης** (αρ.)	[xreóstis]
crediteur (de)	**πιστωτής** (αρ.)	[pistotís]
lener (de)	**δανειολήπτης** (αρ.)	[ðaniolíptis]
importeur (de)	**εισαγωγέας** (αρ.)	[isaɣojéas]
exporteur (de)	**εξαγωγέας** (αρ.)	[eksaɣojéas]
producent (de)	**παραγωγός** (αρ.)	[paraɣoɣós]
distributeur (de)	**διανομέας** (αρ.)	[ðianoméas]
bemiddelaar (de)	**μεσολαβητής** (αρ.)	[mesolʲavitís]
adviseur, consulent (de)	**σύμβουλος** (αρ.)	[símvulʲos]
vertegenwoordiger (de)	**αντιπρόσωπος** (αρ.)	[andiprósopos]
agent (de)	**πράκτορας** (αρ.)	[práktoras]
verzekeringsagent (de)	**ασφαλιστής** (αρ.)	[asfalistís]

87. Dienstverlenende beroepen

kok (de)	**μάγειρας** (αρ.)	[májiras]
chef-kok (de)	**σεφ** (αρ./θηλ.)	[sef]

bakker (de)	φούρναρης (αρ.)	[fúrnaris]
barman (de)	μπάρμαν (αρ.)	[bárman]
kelner, ober (de)	σερβιτόρος (αρ.)	[servitóros]
serveerster (de)	σερβιτόρα (θηλ.)	[servitóra]
advocaat (de)	δικηγόρος (αρ.)	[ðikiɣóros]
jurist (de)	νομικός (αρ.)	[nomikós]
notaris (de)	συμβολαιογράφος (αρ.)	[simvoleoɣráfos]
elektricien (de)	ηλεκτρολόγος (αρ.)	[ilektrolʲóɣos]
loodgieter (de)	υδραυλικός (αρ.)	[iðravlikós]
timmerman (de)	μαραγκός (αρ.)	[marangós]
masseur (de)	μασέρ (αρ.)	[masér]
masseuse (de)	μασέζ (θηλ.)	[maséz]
dokter, arts (de)	γιατρός (αρ.)	[jatrós]
taxichauffeur (de)	ταξιτζής (αρ.)	[taksidzís]
chauffeur (de)	οδηγός (αρ.)	[oðiɣós]
koerier (de)	κούριερ (αρ.)	[kúrier]
kamermeisje (het)	καμαριέρα (θηλ.)	[kamariéra]
bewaker (de)	φρουρός (αρ.)	[fílʲakas]
stewardess (de)	αεροσυνοδός (θηλ.)	[aerosinoðós]
meester (de)	δάσκαλος (αρ.)	[ðáskalʲos]
bibliothecaris (de)	βιβλιοθηκάριος (αρ.)	[vivlioθikários]
vertaler (de)	μεταφραστής (αρ.)	[metafrastís]
tolk (de)	διερμηνέας (αρ.)	[ðierminéas]
gids (de)	ξεναγός (αρ.)	[ksenaɣós]
kapper (de)	κομμωτής (αρ.)	[komotís]
postbode (de)	ταχυδρόμος (αρ.)	[taxiðrómos]
verkoper (de)	πωλητής (αρ.)	[politís]
tuinman (de)	κηπουρός (αρ.)	[kipurós]
huisbediende (de)	υπηρέτης (αρ.)	[ipirétis]
dienstmeisje (het)	υπηρέτρια (θηλ.)	[ipirétria]
schoonmaakster (de)	καθαρίστρια (θηλ.)	[kaθarístria]

88. Militaire beroepen en rangen

soldaat (rang)	απλός στρατιώτης (αρ.)	[aplʲós stratiótis]
sergeant (de)	λοχίας (αρ.)	[lʲoxías]
luitenant (de)	υπολοχαγός (αρ.)	[ipolʲoxaɣós]
kapitein (de)	λοχαγός (αρ.)	[lʲoxaɣós]
majoor (de)	ταγματάρχης (αρ.)	[taɣmatárxis]
kolonel (de)	συνταγματάρχης (αρ.)	[sindaɣmatárxis]
generaal (de)	στρατηγός (αρ.)	[stratiɣós]
maarschalk (de)	στρατάρχης (αρ.)	[stratárxis]
admiraal (de)	ναύαρχος (αρ.)	[návarxos]
militair (de)	στρατιωτικός (αρ.)	[stratiotikós]
soldaat (de)	στρατιώτης (αρ.)	[stratiótis]

officier (de)	**αξιωματικός** (αρ.)	[aksiomatikós]
commandant (de)	**διοικητής** (αρ.)	[ðiikitís]
grenswachter (de)	**φρουρός των συνόρων** (αρ.)	[frurós ton sinóron]
marconist (de)	**χειριστής ασυρμάτου** (αρ.)	[xiristís asirmátu]
verkenner (de)	**ανιχνευτής** (αρ.)	[anixneftís]
sappeur (de)	**σκαπανέας** (αρ.)	[skapanéas]
schutter (de)	**σκοπευτής** (αρ.)	[skopeftís]
stuurman (de)	**πλοηγός** (αρ.)	[plʲoiɣós]

89. Ambtenaren. Priesters

koning (de)	**βασιλιάς** (αρ.)	[vasiliás]
koningin (de)	**βασίλισσα** (θηλ.)	[vasílisa]
prins (de)	**πρίγκιπας** (αρ.)	[príngipas]
prinses (de)	**πριγκίπισσα** (θηλ.)	[pringípisa]
tsaar (de)	**τσάρος** (αρ.)	[tsáros]
tsarina (de)	**τσαρίνα** (θηλ.)	[tsarína]
president (de)	**πρόεδρος** (αρ.)	[próeðros]
minister (de)	**υπουργός** (αρ.)	[ipurɣós]
eerste minister (de)	**πρωθυπουργός** (αρ.)	[proθipurɣós]
senator (de)	**γερουσιαστής** (αρ.)	[ɟerusiastís]
diplomaat (de)	**διπλωμάτης** (αρ.)	[ðiplʲomátis]
consul (de)	**πρόξενος** (αρ.)	[próksenos]
ambassadeur (de)	**πρέσβης** (αρ.)	[prézvis]
adviseur (de)	**σύμβουλος** (αρ.)	[símvulʲos]
ambtenaar (de)	**αξιωματούχος** (αρ.)	[aksiomatúxos]
prefect (de)	**νομάρχης** (αρ.)	[nomárxis]
burgemeester (de)	**δήμαρχος** (αρ.)	[ðímarxos]
rechter (de)	**δικαστής** (αρ.)	[ðikastís]
aanklager (de)	**εισαγγελέας** (αρ.)	[isangeléas]
missionaris (de)	**ιεραπόστολος** (αρ.)	[ierapóstolʲos]
monnik (de)	**καλόγερος** (αρ.)	[kalʲójeros]
abt (de)	**αβάς** (αρ.)	[avás]
rabbi, rabbijn (de)	**ραβίνος** (αρ.)	[ravínos]
vizier (de)	**βεζίρης** (αρ.)	[vezíris]
sjah (de)	**σάχης** (αρ.)	[sáxis]
sjeik (de)	**σεΐχης** (αρ.)	[séjxis]

90. Agrarische beroepen

imker (de)	**μελισσοκόμος** (αρ.)	[melisokómos]
herder (de)	**βοσκός** (αρ.)	[voskós]
landbouwkundige (de)	**αγρονόμος** (αρ.)	[aɣronómos]

veehouder (de)	**κτηνοτρόφος** (αρ.)	[ktinotrófos]
dierenarts (de)	**κτηνίατρος** (αρ.)	[ktiníatros]
landbouwer (de)	**αγρότης** (αρ.)	[aɣrótis]
wijnmaker (de)	**οινοποιός** (αρ.)	[inopiós]
zoöloog (de)	**ζωολόγος** (αρ.)	[zoolʲóɣos]
cowboy (de)	**καουμπόης** (αρ.)	[kaubóis]

91. Kunst beroepen

acteur (de)	**ηθοποιός** (αρ.)	[iθopiós]
actrice (de)	**ηθοποιός** (θηλ.)	[iθopiós]
zanger (de)	**τραγουδιστής** (αρ.)	[traɣuðistís]
zangeres (de)	**τραγουδίστρια** (θηλ.)	[traɣuðístria]
danser (de)	**χορευτής** (αρ.)	[xoreftís]
danseres (de)	**χορεύτρια** (θηλ.)	[xoréftria]
artiest (mann.)	**καλλιτέχνης** (αρ.)	[kalitéxnis]
artiest (vrouw.)	**καλλιτέχνης** (θηλ.)	[kalitéxnis]
muzikant (de)	**μουσικός** (αρ.)	[musikós]
pianist (de)	**πιανίστας** (αρ.)	[pianístas]
gitarist (de)	**κιθαρίστας** (αρ.)	[kiθarístas]
orkestdirigent (de)	**μαέστρος** (αρ.)	[maéstros]
componist (de)	**συνθέτης** (αρ.)	[sinθétis]
impresario (de)	**ιμπρεσάριος** (αρ.)	[imbresários]
filmregisseur (de)	**σκηνοθέτης** (αρ.)	[skinoθétis]
filmproducent (de)	**παραγωγός** (αρ.)	[paraɣoɣós]
scenarioschrijver (de)	**σεναριογράφος** (αρ.)	[senarioɣráfos]
criticus (de)	**κριτικός** (αρ.)	[kritikós]
schrijver (de)	**συγγραφέας** (αρ.)	[singraféas]
dichter (de)	**ποιητής** (αρ.)	[piitís]
beeldhouwer (de)	**γλύπτης** (αρ.)	[ɣlíptis]
kunstenaar (de)	**ζωγράφος** (αρ.)	[zoɣráfos]
jongleur (de)	**ζογκλέρ** (αρ.)	[zonglér]
clown (de)	**κλόουν** (αρ.)	[klʲóun]
acrobaat (de)	**ακροβάτης** (αρ.)	[akrovátis]
goochelaar (de)	**θαυματοποιός** (αρ.)	[θavmatopiós]

92. Verschillende beroepen

dokter, arts (de)	**γιατρός** (αρ.)	[jatrós]
ziekenzuster (de)	**νοσοκόμα** (θηλ.)	[nosokóma]
psychiater (de)	**ψυχίατρος** (αρ.)	[psixíatros]
tandarts (de)	**οδοντίατρος** (αρ.)	[oðondíatros]
chirurg (de)	**χειρουργός** (αρ.)	[xiruɣós]

astronaut (de)	**αστροναύτης** (αρ.)	[astronáftis]
astronoom (de)	**αστρονόμος** (αρ.)	[astronómos]
chauffeur (de)	**οδηγός** (αρ.)	[oðiɣós]
machinist (de)	**οδηγός τρένου** (αρ.)	[oðiɣós trénu]
mecanicien (de)	**μηχανικός** (αρ.)	[mixanikós]
mijnwerker (de)	**ανθρακωρύχος** (αρ.)	[anθrakoríxos]
arbeider (de)	**εργάτης** (αρ.)	[erɣátis]
bankwerker (de)	**κλειδαράς** (αρ.)	[kliðarás]
houtbewerker (de)	**ξυλουργός** (αρ.)	[ksilʲurɣós]
draaier (de)	**τορναδόρος** (αρ.)	[tornaðóros]
bouwvakker (de)	**οικοδόμος** (αρ.)	[ikoðómos]
lasser (de)	**ηλεκτροσυγκολλητής** (αρ.)	[ilektrosingolitís]
professor (de)	**καθηγητής** (αρ.)	[kaθiʝitís]
architect (de)	**αρχιτέκτονας** (αρ.)	[arxitéktonas]
historicus (de)	**ιστορικός** (αρ.)	[istorikós]
wetenschapper (de)	**επιστήμονας** (αρ.)	[epistímonas]
fysicus (de)	**φυσικός** (αρ.)	[fisikós]
scheikundige (de)	**χημικός** (αρ.)	[ximikós]
archeoloog (de)	**αρχαιολόγος** (αρ.)	[arxeolʲóɣos]
geoloog (de)	**γεωλόγος** (αρ.)	[ʝeolʲóɣos]
onderzoeker (de)	**ερευνητής** (αρ.)	[erevnitís]
babysitter (de)	**νταντά** (θηλ.)	[dadá]
leraar, pedagoog (de)	**παιδαγωγός** (αρ.)	[peðaɣoɣós]
redacteur (de)	**συντάκτης** (αρ.)	[sindáktis]
chef-redacteur (de)	**αρχισυντάκτης** (αρ.)	[arxisindáktis]
correspondent (de)	**ανταποκριτής** (αρ.)	[andapokritís]
typiste (de)	**δακτυλογράφος** (θηλ.)	[ðaktilʲoɣráfos]
designer (de)	**σχεδιαστής** (αρ.)	[sxeðiastís]
computerexpert (de)	**τεχνικός υπολογιστών** (αρ.)	[texnikós ipolʲoʝistón]
programmeur (de)	**προγραμματιστής** (αρ.)	[proɣramatistís]
ingenieur (de)	**μηχανικός** (αρ.)	[mixanikós]
matroos (de)	**ναυτικός** (αρ.)	[naftikós]
zeeman (de)	**ναύτης** (αρ.)	[náftis]
redder (de)	**διασώστης** (αρ.)	[ðiasóstis]
brandweerman (de)	**πυροσβέστης** (αρ.)	[pirozvéstis]
politieagent (de)	**αστυνομικός** (αρ.)	[astinomikós]
nachtwaker (de)	**φύλακας** (αρ.)	[fílʲakas]
detective (de)	**ντετέκτιβ** (αρ.)	[detéktiv]
douanier (de)	**τελωνειακός** (αρ.)	[telʲoniakós]
lijfwacht (de)	**σωματοφύλακας** (αρ.)	[somatofílʲakas]
gevangenisbewaker (de)	**δεσμοφύλακας** (αρ.)	[ðezmofílʲakas]
inspecteur (de)	**παρατηρητής** (αρ.)	[paratiritís]
sportman (de)	**αθλητής** (αρ.)	[aθlitís]
trainer (de)	**προπονητής** (αρ.)	[proponitís]
slager, beenhouwer (de)	**κρεοπώλης** (αρ.)	[kreopólis]

schoenlapper (de)	**τσαγκάρης** (αρ.)	[tsangáris]
handelaar (de)	**επιχειρηματίας** (αρ.)	[epixirimatías]
lader (de)	**φορτωτής** (αρ.)	[fortotís]
kledingstilist (de)	**σχεδιαστής** (αρ.)	[sxeðiastís]
model (het)	**μοντέλο** (ουδ.)	[modélʲo]

93. Beroepen. Sociale status

scholier (de)	**μαθητής** (αρ.)	[maθitís]
student (de)	**φοιτητής** (αρ.)	[fititís]
filosoof (de)	**φιλόσοφος** (αρ.)	[filʲósofos]
econoom (de)	**οικονομολόγος** (αρ.)	[ikonomolʲóɣos]
uitvinder (de)	**εφευρέτης** (αρ.)	[efevrétis]
werkloze (de)	**άνεργος** (αρ.)	[ánerɣos]
gepensioneerde (de)	**συνταξιούχος** (αρ.)	[sindaksiúxos]
spion (de)	**κατάσκοπος** (αρ.)	[katáskopos]
gedetineerde (de)	**φυλακισμένος** (αρ.)	[filʲakizménos]
staker (de)	**απεργός** (αρ.)	[aperɣós]
bureaucraat (de)	**γραφειοκράτης** (αρ.)	[ɣrafiokrátis]
reiziger (de)	**ταξιδιώτης** (αρ.)	[taksiðiótis]
homoseksueel (de)	**γκέι, ομοφυλόφιλος** (αρ.)	[géi], [omofilʲófilʲos]
hacker (computerkraker)	**χάκερ** (αρ.)	[xáker]
bandiet (de)	**συμμορίτης** (αρ.)	[simorítis]
huurmoordenaar (de)	**πληρωμένος δολοφόνος** (αρ.)	[pliroménos ðolʲofónos]
drugsverslaafde (de)	**ναρκομανής** (αρ.)	[narkomanís]
drugshandelaar (de)	**έμπορος ναρκωτικών** (αρ.)	[émboros narkotikón]
prostituee (de)	**πόρνη** (θηλ.)	[pórni]
pooier (de)	**νταβατζής** (αρ.)	[davadzís]
tovenaar (de)	**μάγος** (αρ.)	[máɣos]
tovenares (de)	**μάγισσα** (θηλ.)	[májisa]
piraat (de)	**πειρατής** (αρ.)	[piratís]
slaaf (de)	**δούλος** (αρ.)	[ðúlʲos]
samoerai (de)	**σαμουράι** (αρ.)	[samuráj]
wilde (de)	**άγριος** (αρ.)	[áɣrios]

Onderwijs

94. School

school (de)	σχολείο (ουδ.)	[sxolío]
schooldirecteur (de)	διευθυντής (αρ.)	[ðiefθindís]

leerling (de)	μαθητής (αρ.)	[maθitís]
leerlinge (de)	μαθήτρια (θηλ.)	[maθítria]
scholier (de)	μαθητής (αρ.)	[maθitís]
scholiere (de)	μαθήτρια (θηλ.)	[maθítria]

leren (lesgeven)	διδάσκω	[ðiðásko]
studeren (bijv. een taal ~)	μαθαίνω	[maθéno]
van buiten leren	μαθαίνω απ'έξω	[maθéno apékso]

leren (bijv. ~ tellen)	μαθαίνω	[maθéno]
in school zijn (schooljongen zijn)	πηγαίνω σχολείο	[pijéno sxolío]
naar school gaan	πηγαίνω σχολείο	[pijéno sxolío]

alfabet (het)	αλφάβητος (θηλ.)	[alʲfávitos]
vak (schoolvak)	μάθημα (ουδ.)	[máθima]

klaslokaal (het)	τάξη (θηλ.)	[táksi]
les (de)	μάθημα (ουδ.)	[máθima]
pauze (de)	διάλειμμα (ουδ.)	[ðiálima]
bel (de)	κουδούνι (ουδ.)	[kuðúni]
schooltafel (de)	θρανίο (ουδ.)	[θranío]
schoolbord (het)	πίνακας (αρ.)	[pínakas]

cijfer (het)	βαθμός (αρ.)	[vaθmós]
goed cijfer (het)	καλός βαθμός (αρ.)	[kalʲós vaθmós]
slecht cijfer (het)	κακός βαθμός (αρ.)	[kakós vaθmós]
een cijfer geven	βάζω βαθμό	[vázo vaθmó]

fout (de)	λάθος (ουδ.)	[lʲáθos]
fouten maken	κάνω λάθη	[káno lʲáθi]
corrigeren (fouten ~)	διορθώνω	[ðiorθóno]
spiekbriefje (het)	σκονάκι (ουδ.)	[skonáki]

huiswerk (het)	εργασία για το σπίτι (θηλ.)	[eryasía ja to spíti]
oefening (de)	άσκηση (θηλ.)	[áskisi]

aanwezig zijn (ww)	είμαι παρών	[íme parón]
absent zijn (ww)	απουσιάζω	[apusiázo]

bestraffen (een stout kind ~)	τιμωρώ	[timoró]
bestraffing (de)	τιμωρία (θηλ.)	[timoría]
gedrag (het)	συμπεριφορά (θηλ.)	[simberiforá]

cijferlijst (de)	**έλεγχος** (αρ.)	[élenxos]
potlood (het)	**μολύβι** (ουδ.)	[molívi]
gom (de)	**γόμα** (θηλ.)	[ɣóma]
krijt (het)	**κιμωλία** (θηλ.)	[kimolía]
pennendoos (de)	**κασετίνα** (θηλ.)	[kasetína]
boekentas (de)	**σχολική τσάντα** (θηλ.)	[sxolikí tsánda]
pen (de)	**στιλό** (ουδ.)	[stilʲó]
schrift (de)	**τετράδιο** (ουδ.)	[tetráðio]
leerboek (het)	**σχολικό βιβλίο** (ουδ.)	[sxolikó vivlío]
passer (de)	**διαβήτης** (αρ.)	[ðiavítis]
technisch tekenen (ww)	**σχεδιάζω**	[sxeðiázo]
technische tekening (de)	**σχέδιο** (ουδ.)	[sxéðio]
gedicht (het)	**ποίημα** (ουδ.)	[píima]
van buiten (bw)	**απ'έξω**	[apékso]
van buiten leren	**μαθαίνω απ'έξω**	[maθéno apékso]
vakantie (de)	**διακοπές** (θηλ.πλ.)	[ðiakopés]
met vakantie zijn	**κάνω διακοπές**	[káno ðiakopés]
toets (schriftelijke ~)	**τεστ, διαγώνισμα** (ουδ.)	[test], [ðiaɣónizma]
opstel (het)	**έκθεση** (θηλ.)	[ékθesi]
dictee (het)	**υπαγόρευση** (θηλ.)	[ipaɣórefsi]
examen (het)	**εξετάσεις** (θηλ.πλ.)	[eksetásis]
examen afleggen	**δίνω εξετάσεις**	[ðíno eksetásis]
experiment (het)	**πείραμα** (ουδ.)	[pírama]

95. Hogeschool. Universiteit

academie (de)	**ακαδημία** (θηλ.)	[akaðimía]
universiteit (de)	**πανεπιστήμιο** (ουδ.)	[panepistímio]
faculteit (de)	**σχολή** (θηλ.)	[sxolí]
student (de)	**φοιτητής** (αρ.)	[fititís]
studente (de)	**φοιτήτρια** (θηλ.)	[fitítria]
leraar (de)	**καθηγητής** (αρ.)	[kaθiʝitís]
collegezaal (de)	**αίθουσα διαλέξεων** (θηλ.)	[éθusa ðialékseon]
afgestudeerde (de)	**απόφοιτος** (αρ.)	[apófitos]
diploma (het)	**πτυχίο** (ουδ.)	[ptixío]
dissertatie (de)	**διατριβή** (θηλ.)	[ðiatriví]
onderzoek (het)	**έρευνα** (θηλ.)	[érevna]
laboratorium (het)	**εργαστήριο** (ουδ.)	[erɣastírio]
college (het)	**διάλεξη** (θηλ.)	[ðiáleksi]
medestudent (de)	**συμφοιτητής** (αρ.)	[simfititís]
studiebeurs (de)	**υποτροφία** (θηλ.)	[ipotrofía]
academische graad (de)	**ακαδημαϊκό πτυχίο** (ουδ.)	[akaðimaikó ptixío]

96. Wetenschappen. Disciplines

wiskunde (de)	**μαθηματικά** (ουδ.πλ.)	[maθimatiká]
algebra (de)	**άλγεβρα** (θηλ.)	[álʝevra]
meetkunde (de)	**γεωμετρία** (θηλ.)	[ʝeometría]
astronomie (de)	**αστρονομία** (θηλ.)	[astronomía]
biologie (de)	**βιολογία** (θηλ.)	[violʲoʝía]
geografie (de)	**γεωγραφία** (θηλ.)	[ʝeoɣrafía]
geologie (de)	**γεωλογία** (θηλ.)	[ʝeolʲoʝía]
geschiedenis (de)	**ιστορία** (θηλ.)	[istoría]
geneeskunde (de)	**ιατρική** (θηλ.)	[jatrikí]
pedagogiek (de)	**παιδαγωγική** (θηλ.)	[peðaɣoʝikí]
rechten (mv.)	**δίκαιο** (ουδ.)	[ðíkeo]
fysica, natuurkunde (de)	**φυσική** (θηλ.)	[fisikí]
scheikunde (de)	**χημεία** (θηλ.)	[ximía]
filosofie (de)	**φιλοσοφία** (θηλ.)	[filʲosofía]
psychologie (de)	**ψυχολογία** (θηλ.)	[psixolʲoʝía]

97. Schrift. Spelling

grammatica (de)	**γραμματική** (θηλ.)	[ɣramatikí]
vocabulaire (het)	**λεξιλόγιο** (ουδ.)	[leksilʲóʝo]
fonetiek (de)	**φωνητική** (θηλ.)	[fonitikí]
zelfstandig naamwoord (het)	**ουσιαστικό** (ουδ.)	[usiastikó]
bijvoeglijk naamwoord (het)	**επίθετο** (ουδ.)	[epíθeto]
werkwoord (het)	**ρήμα** (ουδ.)	[ríma]
bijwoord (het)	**επίρρημα** (ουδ.)	[epírima]
voornaamwoord (het)	**αντωνυμία** (θηλ.)	[andonimía]
tussenwerpsel (het)	**επιφώνημα** (ουδ.)	[epifónima]
voorzetsel (het)	**πρόθεση** (θηλ.)	[próθesi]
stam (de)	**ρίζα** (θηλ.)	[ríza]
achtervoegsel (het)	**κατάληξη** (θηλ.)	[katáliksi]
voorvoegsel (het)	**πρόθεμα** (ουδ.)	[próθema]
lettergreep (de)	**συλλαβή** (θηλ.)	[silʲaví]
achtervoegsel (het)	**επίθημα** (ουδ.)	[epíθima]
nadruk (de)	**τόνος** (αρ.)	[tónos]
afkappingsteken (het)	**απόστροφος** (θηλ.)	[apóstrofos]
punt (de)	**τελεία** (θηλ.)	[telía]
komma (de/het)	**κόμμα** (ουδ.)	[kóma]
puntkomma (de)	**άνω τελεία** (θηλ.)	[áno telía]
dubbelpunt (de)	**διπλή τελεία** (θηλ.)	[ðiplí telía]
beletselteken (het)	**αποσιωπητικά** (ουδ.πλ.)	[aposiopitiká]
vraagteken (het)	**ερωτηματικό** (ουδ.)	[erotimatikó]
uitroepteken (het)	**θαυμαστικό** (ουδ.)	[θavmastikó]

aanhalingstekens (mv.)	εισαγωγικά (ουδ.πλ.)	[isaɣojiká]
tussen aanhalingstekens (bw)	σε εισαγωγικά	[se isaɣojiká]
haakjes (mv.)	παρένθεση (θηλ.)	[parénθesi]
tussen haakjes (bw)	σε παρένθεση	[se parénθesi]

streepje (het)	ενωτικό (ουδ.)	[enotikó]
gedachtestreepje (het)	παύλα (θηλ.)	[pávlʲa]
spatie	κενό (ουδ.)	[kenó]
(~ tussen twee woorden)		

| letter (de) | γράμμα (ουδ.) | [ɣráma] |
| hoofdletter (de) | κεφαλαίο γράμμα (ουδ.) | [kefaléo ɣráma] |

| klinker (de) | φωνήεν (ουδ.) | [foníen] |
| medeklinker (de) | σύμφωνο (ουδ.) | [símfono] |

zin (de)	πρόταση (θηλ.)	[prótasi]
onderwerp (het)	υποκείμενο (ουδ.)	[ipokímeno]
gezegde (het)	κατηγορούμενο (ουδ.)	[katiɣorúmeno]

regel (in een tekst)	γραμμή (θηλ.)	[ɣramí]
op een nieuwe regel (bw)	σε καινούργια γραμμή	[se kenúrjia ɣramí]
alinea (de)	παράγραφος (θηλ.)	[paráɣrafos]

woord (het)	λέξη (θηλ.)	[léksi]
woordgroep (de)	ομάδα λέξεων (θηλ.)	[omáða lékseon]
uitdrukking (de)	έκφραση (θηλ.)	[ékfrasi]
synoniem (het)	συνώνυμο (ουδ.)	[sinónimo]
antoniem (het)	αντώνυμο (ουδ.)	[andónimo]

regel (de)	κανόνας (αρ.)	[kanónas]
uitzondering (de)	εξαίρεση (θηλ.)	[ekséresi]
correct (bijv. ~e spelling)	σωστός	[sostós]

vervoeging, conjugatie (de)	κλίση ρήματος (θηλ.)	[klísi rímatos]
verbuiging, declinatie (de)	κλίση (θηλ.)	[klísi]
naamval (de)	πτώση (θηλ.)	[ptósi]
vraag (de)	ερώτημα (ουδ.)	[erótima]
onderstrepen (ww)	υπογραμμίζω	[ipoɣramízo]
stippellijn (de)	διακεκομμένη γραμμή (θηλ.)	[ðiakekoméni ɣramí]

98. Vreemde talen

taal (de)	γλώσσα (θηλ.)	[ɣlʲósa]
vreemde taal (de)	ξένη γλώσσα (θηλ.)	[kséni ɣlósa]
leren (bijv. van buiten ~)	μελετάω	[meletáo]
studeren (Nederlands ~)	μαθαίνω	[maθéno]

lezen (ww)	διαβάζω	[ðiavázo]
spreken (ww)	μιλάω	[milʲáo]
begrijpen (ww)	καταλαβαίνω	[katalʲavéno]
schrijven (ww)	γράφω	[ɣráfo]
snel (bw)	γρήγορα	[ɣríɣora]
langzaam (bw)	αργά	[arɣá]

vloeiend (bw)	**ευφράδεια**	[effráðia]
regels (mv.)	**κανόνες** (αρ.πλ.)	[kanónes]
grammatica (de)	**γραμματική** (θηλ.)	[ɣramatikí]
vocabulaire (het)	**λεξιλόγιο** (ουδ.)	[leksilʲóʝo]
fonetiek (de)	**φωνητική** (θηλ.)	[fonitikí]
leerboek (het)	**σχολικό βιβλίο** (ουδ.)	[sxolikó vivlío]
woordenboek (het)	**λεξικό** (ουδ.)	[leksikó]
leerboek (het) voor zelfstudie	**εγχειρίδιο αυτοδιδασκαλίας** (ουδ.)	[enxiríðio aftoðiðaskalías]
taalgids (de)	**βιβλίο φράσεων** (ουδ.)	[vivlío fráseon]
cassette (de)	**κασέτα** (θηλ.)	[kaséta]
videocassette (de)	**βιντεοκασέτα** (θηλ.)	[videokaséta]
CD (de)	**συμπαγής δίσκος** (αρ.)	[simpaʝís ðískos]
DVD (de)	**DVD** (ουδ.)	[dividí]
alfabet (het)	**αλφάβητος** (θηλ.)	[alʲfávitos]
uitspraak (de)	**προφορά** (θηλ.)	[proforá]
accent (het)	**προφορά** (θηλ.)	[proforá]
met een accent (bw)	**με προφορά**	[me proforá]
zonder accent (bw)	**χωρίς προφορά**	[xorís proforá]
woord (het)	**λέξη** (θηλ.)	[léksi]
betekenis (de)	**σημασία** (θηλ.)	[simasía]
cursus (de)	**μαθήματα** (ουδ.πλ.)	[maθímata]
zich inschrijven (ww)	**γράφομαι**	[ɣráfome]
leraar (de)	**καθηγητής** (αρ.)	[kaθiʝitís]
vertaling (een ~ maken)	**μετάφραση** (θηλ.)	[metáfrasi]
vertaling (tekst)	**μετάφραση** (θηλ.)	[metáfrasi]
vertaler (de)	**μεταφραστής** (αρ.)	[metafrastís]
tolk (de)	**διερμηνέας** (αρ.)	[ðierminéas]
polyglot (de)	**πολύγλωσσος** (αρ.)	[políɣlʲosos]
geheugen (het)	**μνήμη** (θηλ.)	[mními]

Rusten. Entertainment. Reizen

99. Trip. Reizen

toerisme (het)	**τουρισμός** (αρ.)	[turizmós]
toerist (de)	**τουρίστας** (αρ.)	[turístas]
reis (de)	**ταξίδι** (ουδ.)	[taksíði]
avontuur (het)	**περιπέτεια** (θηλ.)	[peripétia]
tocht (de)	**ταξίδι** (ουδ.)	[taksíði]
vakantie (de)	**διακοπές** (θηλ.πλ.)	[ðiakopés]
met vakantie zijn	**είμαι σε διακοπές**	[íme se ðiakopés]
rust (de)	**διακοπές** (πλ.)	[ðiakopés]
trein (de)	**τραίνο, τρένο** (ουδ.)	[tréno]
met de trein	**με τρένο**	[me tréno]
vliegtuig (het)	**αεροπλάνο** (ουδ.)	[aeroplʲáno]
met het vliegtuig	**με αεροπλάνο**	[me aeroplʲáno]
met de auto	**με αυτοκίνητο**	[me aftokínito]
per schip (bw)	**με καράβι**	[me karávi]
bagage (de)	**αποσκευές** (θηλ.πλ.)	[aposkevés]
valies (de)	**βαλίτσα** (θηλ.)	[valítsa]
bagagekarretje (het)	**καρότσι αποσκευών** (ουδ.)	[karótsi aposkevón]
paspoort (het)	**διαβατήριο** (ουδ.)	[ðiavatírio]
visum (het)	**βίζα** (θηλ.)	[víza]
kaartje (het)	**εισιτήριο** (ουδ.)	[isitírio]
vliegticket (het)	**αεροπορικό εισιτήριο** (ουδ.)	[aeroporikó isitírio]
reisgids (de)	**ταξιδιωτικός οδηγός** (αρ.)	[taksiðiotikós oðiɣós]
kaart (de)	**χάρτης** (αρ.)	[xártis]
gebied (landelijk ~)	**περιοχή** (θηλ.)	[perioxí]
plaats (de)	**τόπος** (αρ.)	[tópos]
exotische bestemming (de)	**εξωτικά πράγματα** (ουδ.πλ.)	[eksotiká práɣmata]
exotisch (bn)	**εξωτικός**	[eksotikós]
verwonderlijk (bn)	**καταπληκτικός**	[katapliktikós]
groep (de)	**ομάδα** (θηλ.)	[omáða]
rondleiding (de)	**εκδρομή** (θηλ.)	[ekðromí]
gids (de)	**ξεναγός** (αρ.)	[ksenaɣós]

100. Hotel

hotel (het)	**ξενοδοχείο** (ουδ.)	[ksenoðoxío]
motel (het)	**μοτέλ** (ουδ.)	[motélʲ]
3-sterren	**τριών αστέρων**	[trión astéron]

5-sterren	**πέντε αστέρων**	[pénde astéron]
overnachten (ww)	**μένω**	[méno]
kamer (de)	**δωμάτιο** (ουδ.)	[ðomátio]
eenpersoonskamer (de)	**μονόκλινο δωμάτιο** (ουδ.)	[monóklino ðomátio]
tweepersoonskamer (de)	**δίκλινο δωμάτιο** (ουδ.)	[ðíklino ðomátio]
een kamer reserveren	**κλείνω δωμάτιο**	[klíno ðomátio]
halfpension (het)	**ημιδιατροφή** (θηλ.)	[imiðiatrofí]
volpension (het)	**πλήρης διατροφή** (θηλ.)	[plíris ðiatrofí]
met badkamer	**με μπανιέρα**	[me baniéra]
met douche	**με ντους**	[me dúz]
satelliet-tv (de)	**δορυφορική τηλεόραση** (θηλ.)	[ðoriforikí tileórasi]
airconditioner (de)	**κλιματιστικό** (ουδ.)	[klimatistikó]
handdoek (de)	**πετσέτα** (θηλ.)	[petséta]
sleutel (de)	**κλειδί** (ουδ.)	[kliðí]
administrateur (de)	**υπεύθυνος** (αρ.)	[ipéfθinos]
kamermeisje (het)	**καμαριέρα** (θηλ.)	[kamariéra]
piccolo (de)	**αχθοφόρος** (αρ.)	[axθofóros]
portier (de)	**πορτιέρης** (αρ.)	[portiéris]
restaurant (het)	**εστιατόριο** (ουδ.)	[estiatório]
bar (de)	**μπαρ** (ουδ.), **μπυραρία** (θηλ.)	[bar], [biraría]
ontbijt (het)	**πρωινό** (ουδ.)	[proinó]
avondeten (het)	**δείπνο** (ουδ.)	[ðípno]
buffet (het)	**μπουφές** (αρ.)	[bufés]
hal (de)	**φουαγιέ** (ουδ.)	[fuajé]
lift (de)	**ασανσέρ** (ουδ.)	[asansér]
NIET STOREN	**ΜΗΝ ΕΝΟΧΛΕΙΤΕ!**	[min enoxlíte]
VERBODEN TE ROKEN!	**ΑΠΑΓΟΡΕΥΕΤΑΙ ΤΟ ΚΑΠΝΙΣΜΑ**	[apaɣorévete to kápnizma]

TECHNISCHE APPARATUUR. VERVOER

Technische apparatuur

101. Computer

computer (de)	**υπολογιστής** (αρ.)	[ipolʲoʝistís]
laptop (de)	**φορητός υπολογιστής** (αρ.)	[foritós ipolʲoʝistís]
aanzetten (ww)	**ανοίγω**	[aníɣo]
uitzetten (ww)	**κλείνω**	[klíno]
toetsenbord (het)	**πληκτρολόγιο** (ουδ.)	[pliktrolʲóʝo]
toets (enter~)	**πλήκτρο** (ουδ.)	[plíktro]
muis (de)	**ποντίκι** (ουδ.)	[pondíki]
muismat (de)	**μάους παντ** (ουδ.)	[máus pad]
knopje (het)	**κουμπί** (ουδ.)	[kumbí]
cursor (de)	**κέρσορας** (αρ.)	[kérsoras]
monitor (de)	**οθόνη** (θηλ.)	[oθóni]
scherm (het)	**οθόνη** (θηλ.)	[oθóni]
harde schijf (de)	**σκληρός δίσκος** (αρ.)	[sklirós ðískos]
volume (het) van de harde schijf	**χωρητικότητα σκληρού δίσκου** (θηλ.)	[xoritikótita sklirú ðísku]
geheugen (het)	**μνήμη** (θηλ.)	[mními]
RAM-geheugen (het)	**μνήμη RAM** (θηλ.)	[mními ram]
bestand (het)	**αρχείο** (ουδ.)	[arxío]
folder (de)	**φάκελος** (αρ.)	[fákelʲos]
openen (ww)	**ανοίγω**	[aníɣo]
sluiten (ww)	**κλείνω**	[klíno]
opslaan (ww)	**αποθηκεύω**	[apoθikévo]
verwijderen (wissen)	**διαγράφω**	[ðiaɣráfo]
kopiëren (ww)	**αντιγράφω**	[andiɣráfo]
sorteren (ww)	**ταξινομώ**	[taksinomó]
overplaatsen (ww)	**μεταφέρω**	[metaféro]
programma (het)	**πρόγραμμα** (ουδ.)	[próɣrama]
software (de)	**λογισμικό** (ουδ.)	[lʲoʝizmikó]
programmeur (de)	**προγραμματιστής** (αρ.)	[proɣramatistís]
programmeren (ww)	**προγραμματίζω**	[proɣramatízo]
hacker (computerkraker)	**χάκερ** (αρ.)	[xáker]
wachtwoord (het)	**κωδικός** (αρ.)	[koðikós]
virus (het)	**ιός** (αρ.)	[jos]
ontdekken (virus ~)	**ανιχνεύω**	[anixnévo]

byte (de)	**μπάιτ** (ουδ.)	[bájt]
megabyte (de)	**μεγαμπάιτ** (ουδ.)	[meɣabájt]
data (de)	**δεδομένα** (ουδ.πλ.)	[ðeðoména]
databank (de)	**βάση δεδομένων** (θηλ.)	[vási ðeðoménon]
kabel (USB-~, enz.)	**καλώδιο** (ουδ.)	[kalʲóðio]
afsluiten (ww)	**αποσυνδέω**	[aposinðéo]
aansluiten op (ww)	**συνδέω**	[sinðéo]

102. Internet. E-mail

internet (het)	**διαδίκτυο** (ουδ.)	[ðiaðíktio]
browser (de)	**browser** (αρ.)	[bráuzer]
zoekmachine (de)	**μηχανή αναζήτησης** (θηλ.)	[mixaní anazítisis]
internetprovider (de)	**πάροχος** (αρ.)	[pároxos]
website (de)	**ιστοσελίδα** (θηλ.)	[istoselíða]
webpagina (de)	**ιστοσελίδα** (θηλ.)	[istoselíða]
adres (het)	**διεύθυνση** (θηλ.)	[ðiéfθinsi]
adresboek (het)	**βιβλίο διευθύνσεων** (ουδ.)	[vivlío ðiefθínseon]
postvak (het)	**εισερχόμενα** (ουδ.)	[iserxómena]
post (de)	**ταχυδρομείο** (ουδ.)	[taxiðromío]
bericht (het)	**μήνυμα** (ουδ.)	[mínima]
verzender (de)	**αποστολέας** (αρ.)	[apostoléas]
verzenden (ww)	**στέλνω**	[stélʲno]
verzending (de)	**αποστολή** (θηλ.)	[apostolí]
ontvanger (de)	**παραλήπτης** (αρ.)	[paralíptis]
ontvangen (ww)	**λαμβάνω**	[lʲamváno]
correspondentie (de)	**αλληλογραφία** (θηλ.)	[alilʲoɣrafía]
corresponderen (met ...)	**αλληλογραφώ**	[alilʲoɣrafó]
bestand (het)	**αρχείο** (ουδ.)	[arxío]
downloaden (ww)	**κατεβάζω**	[katevázo]
creëren (ww)	**δημιουργώ**	[ðimiurɣó]
verwijderen (een bestand ~)	**διαγράφω**	[ðiaɣráfo]
verwijderd (bn)	**διεγραμμένος**	[ðieɣraménos]
verbinding (de)	**σύνδεση** (θηλ.)	[sínðesi]
snelheid (de)	**ταχύτητα** (θηλ.)	[taxítita]
modem (de)	**μόντεμ** (ουδ.)	[módem]
toegang (de)	**πρόσβαση** (θηλ.)	[prózvasi]
poort (de)	**θύρα** (θηλ.)	[θíra]
aansluiting (de)	**σύνδεση** (θηλ.)	[sínðesi]
zich aansluiten (ww)	**συνδέομαι**	[sinðéome]
selecteren (ww)	**επιλέγω**	[epiléɣo]
zoeken (ww)	**ψάχνω**	[psáxno]

103. Elektriciteit

elektriciteit (de)	**ηλεκτρισμός** (αρ.)	[ilektrizmós]
elektrisch (bn)	**ηλεκτρικός**	[ilektrikós]
elektriciteitscentrale (de)	**ηλεκτροπαραγωγικός σταθμός** (αρ.)	[ilektroparaɣoʝikós staθmós]
energie (de)	**ενέργεια** (θηλ.)	[enérʝia]
elektrisch vermogen (het)	**ηλεκτρική ενέργεια** (θηλ.)	[ilektrikí enérʝia]
lamp (de)	**λάμπα** (θηλ.)	[lʲámba]
zaklamp (de)	**φακός** (αρ.)	[fakós]
straatlantaarn (de)	**στύλος φωτισμού** (αρ.)	[stílʲos fotizmú]
licht (elektriciteit)	**φως** (ουδ.)	[fos]
aandoen (ww)	**ανοίγω, ανάβω**	[aníɣo], [anávo]
uitdoen (ww)	**κλείνω**	[klíno]
het licht uitdoen	**σβήνω το φως**	[svíno to fos]
doorbranden (gloeilamp)	**καίγομαι**	[kéɣome]
kortsluiting (de)	**βραχυκύκλωμα** (ουδ.)	[vraxikíklʲoma]
onderbreking (de)	**σπασμένο καλώδιο** (ουδ.)	[spazméno kalóðio]
contact (het)	**επαφή** (θηλ.)	[epafí]
schakelaar (de)	**διακόπτης** (αρ.)	[ðiakóptis]
stopcontact (het)	**πρίζα** (θηλ.)	[príza]
stekker (de)	**φις** (ουδ.)	[fis]
verlengsnoer (de)	**μπαλαντέζα** (θηλ.)	[balʲadéza]
zekering (de)	**ασφάλεια** (θηλ.)	[asfália]
kabel (de)	**καλώδιο** (ουδ.)	[kalʲóðio]
bedrading (de)	**καλωδίωση** (θηλ.)	[kalʲoðíosi]
ampère (de)	**αμπέρ** (ουδ.)	[ambér]
stroomsterkte (de)	**ένταση ρεύματος** (θηλ.)	[éndasi révmatos]
volt (de)	**βολτ** (ουδ.)	[volʲt]
spanning (de)	**τάση** (θηλ.)	[tási]
elektrisch toestel (het)	**ηλεκτρική συσκευή** (θηλ.)	[ilektrikí siskevi]
indicator (de)	**δείχτης** (αρ.)	[ðíxtis]
elektricien (de)	**ηλεκτρολόγος** (αρ.)	[ilektrolʲóɣos]
solderen (ww)	**συγκολλώ**	[singolʲó]
soldeerbout (de)	**κολλητήρι** (ουδ.)	[kolitíri]
stroom (de)	**ρεύμα** (ουδ.)	[révma]

104. Gereedschappen

werktuig (stuk gereedschap)	**εργαλείο** (ουδ.)	[erɣalío]
gereedschap (het)	**εργαλεία** (ουδ.πλ.)	[erɣalía]
uitrusting (de)	**εξοπλισμός** (αρ.)	[eksoplizmós]
hamer (de)	**σφυρί** (ουδ.)	[sfirí]
schroevendraaier (de)	**κατσαβίδι** (ουδ.)	[katsavíði]

bijl (de)	**τσεκούρι** (ουδ.)	[tsekúri]
zaag (de)	**πριόνι** (ουδ.)	[prióni]
zagen (ww)	**πριονίζω**	[prionízo]
schaaf (de)	**πλάνη** (θηλ.)	[plʲáni]
schaven (ww)	**πλανίζω**	[plʲanízo]
soldeerbout (de)	**κολλητήρι** (ουδ.)	[kolitíri]
solderen (ww)	**συγκολλώ**	[singolʲó]
vijl (de)	**λίμα** (θηλ.)	[líma]
nijptang (de)	**τανάλια** (θηλ.)	[tanália]
combinatietang (de)	**πένσα** (θηλ.)	[pénsa]
beitel (de)	**σκαρπέλο** (ουδ.)	[skarpélʲo]
boorkop (de)	**τρυπάνι** (ουδ.)	[tripáni]
boormachine (de)	**τρυπάνι, δράπανο** (ουδ.)	[tripáni], [ðrápano]
boren (ww)	**τρυπώ**	[tripó]
mes (het)	**μαχαίρι** (ουδ.)	[maxéri]
lemmet (het)	**λάμα** (θηλ.)	[lʲáma]
scherp (bijv. ~ mes)	**κοφτερός**	[kofterós]
bot (bn)	**αμβλύς**	[amvlís]
bot raken (ww)	**αμβλύνομαι**	[amvlínome]
slijpen (een mes ~)	**ακονίζω**	[akonízo]
bout (de)	**μπουλόνι** (ουδ.)	[bulʲóni]
moer (de)	**περικόχλιο** (ουδ.)	[perikóxlio]
schroefdraad (de)	**σπείρωμα** (ουδ.)	[spíroma]
houtschroef (de)	**βίδα** (θηλ.)	[víða]
spijker (de)	**καρφί** (ουδ.)	[karfí]
kop (de)	**κεφάλι** (ουδ.)	[kefáli]
liniaal (de/het)	**χάρακας** (αρ.)	[xárakas]
rolmeter (de)	**μετροταινία** (θηλ.)	[metrotenía]
loep (de)	**μεγεθυντικός φακός** (αρ.)	[mej̥eθindikós fakós]
meetinstrument (het)	**όργανο μέτρησης** (ουδ.)	[óɣano métrisis]
opmeten (ww)	**μετράω**	[metráo]
schaal (meetschaal)	**κλίμακα** (θηλ.)	[klímaka]
gegevens (mv.)	**ενδείξεις** (θηλ.πλ.)	[enðíksis]
compressor (de)	**συμπιεστής** (αρ.)	[simbiestís]
microscoop (de)	**μικροσκόπιο** (ουδ.)	[mikroskópio]
pomp (de)	**αντλία** (θηλ.)	[andlía]
robot (de)	**ρομπότ** (ουδ.)	[robót]
laser (de)	**λέιζερ** (ουδ.)	[léjzer]
moersleutel (de)	**γαλλικό κλειδί** (ουδ.)	[ɣalikó kliðí]
plakband (de)	**κολλητική ταινία** (θηλ.)	[kolitikí tenía]
lijm (de)	**κόλλα** (θηλ.)	[kólʲa]
schuurpapier (het)	**γυαλόχαρτο** (ουδ.)	[j̥alóxarto]
veer (de)	**ελατήριο** (ουδ.)	[elʲatírio]
magneet (de)	**μαγνήτης** (αρ.)	[maɣnítis]

handschoenen (mv.)	**γάντια** (ουδ.πλ.)	[ɣándia]
touw (bijv. henneptouw)	**σχοινί, σκοινί** (ουδ.)	[sxiní], [skiní]
snoer (het)	**κορδόνι** (ουδ.)	[korðóni]
draad (de)	**καλώδιο** (ουδ.)	[kalʲóðio]
kabel (de)	**καλώδιο** (ουδ.)	[kalʲóðio]
moker (de)	**βαριοπούλα** (θηλ.)	[variopúlʲa]
breekijzer (het)	**λοστός** (αρ.)	[lʲostós]
ladder (de)	**φορητή σκάλα** (θηλ.)	[forití skálʲa]
trapje (inklapbaar ~)	**φορητή σκάλα** (θηλ.)	[forití skálʲa]
aanschroeven (ww)	**βιδώνω**	[viðóno]
losschroeven (ww)	**ξεβιδώνω**	[kseviðóno]
dichtpersen (ww)	**σφίγγω**	[sfíngo]
vastlijmen (ww)	**κολλάω**	[kolʲáo]
snijden (ww)	**κόβω**	[kóvo]
defect (het)	**βλάβη** (θηλ.)	[vlʲávi]
reparatie (de)	**επισκευή** (θηλ.)	[episkeví]
repareren (ww)	**επισκευάζω**	[episkevázo]
regelen (een machine ~)	**ρυθμίζω**	[riθmízo]
checken (ww)	**ελέγχω**	[elénxo]
controle (de)	**έλεγχος** (αρ.)	[élenxos]
gegevens (mv.)	**ενδείξεις** (θηλ.πλ.)	[enðíksis]
degelijk (bijv. ~ machine)	**αξιόπιστος**	[aksiópistos]
ingewikkeld (bn)	**περίπλοκος**	[períplʲokos]
roesten (ww)	**σκουριάζω**	[skuriázo]
roestig (bn)	**σκουριασμένος**	[skuriazménos]
roest (de/het)	**σκουριά** (θηλ.)	[skuriá]

Vervoer

105. Vliegtuig

vliegtuig (het)	**αεροπλάνο** (ουδ.)	[aeroplʲáno]
vliegticket (het)	**αεροπορικό εισιτήριο** (ουδ.)	[aeroporikó isitírio]
luchtvaartmaatschappij (de)	**αεροπορική εταιρεία** (θηλ.)	[aeroporikí etería]
luchthaven (de)	**αεροδρόμιο** (ουδ.)	[aeroðrómio]
supersonisch (bn)	**υπερηχητικός**	[iperixitikós]
gezagvoerder (de)	**κυβερνήτης** (αρ.)	[kivernítis]
bemanning (de)	**πλήρωμα** (ουδ.)	[plíroma]
piloot (de)	**πιλότος** (αρ.)	[pilʲótos]
stewardess (de)	**αεροσυνοδός** (θηλ.)	[aerosinoðós]
stuurman (de)	**πλοηγός** (αρ.)	[plʲoiɣós]
vleugels (mv.)	**φτερά** (ουδ.πλ.)	[fterá]
staart (de)	**ουρά** (θηλ.)	[urá]
cabine (de)	**πιλοτήριο** (ουδ.)	[pilʲotírio]
motor (de)	**κινητήρας** (αρ.)	[kinitíras]
landingsgestel (het)	**σύστημα προσγείωσης** (ουδ.)	[sístima prosʝíosis]
turbine (de)	**στρόβιλος** (αρ.)	[stróvilʲos]
propeller (de)	**έλικας** (αρ.)	[élikas]
zwarte doos (de)	**μαύρο κουτί** (ουδ.)	[mávro kutí]
stuur (het)	**πηδάλιο** (ουδ.)	[piðálio]
brandstof (de)	**καύσιμο** (ουδ.)	[káfsimo]
veiligheidskaart (de)	**οδηγίες ασφαλείας** (θηλ.πλ.)	[oðiʝíes asfalías]
zuurstofmasker (het)	**μάσκα οξυγόνου** (θηλ.)	[máska oksiɣónu]
uniform (het)	**στολή** (θηλ.)	[stolí]
reddingsvest (de)	**σωσίβιο γιλέκο** (ουδ.)	[sosívio ɟiléko]
parachute (de)	**αλεξίπτωτο** (ουδ.)	[aleksíptoto]
opstijgen (het)	**απογείωση** (θηλ.)	[apoʝíosi]
opstijgen (ww)	**απογειώνομαι**	[apoʝiónome]
startbaan (de)	**διάδρομος απογείωσης** (αρ.)	[ðiáðromos apoʝíosis]
zicht (het)	**ορατότητα** (θηλ.)	[oratótita]
vlucht (de)	**πέταγμα** (ουδ.)	[pétaɣma]
hoogte (de)	**ύψος** (ουδ.)	[ípsos]
luchtzak (de)	**κενό αέρος** (ουδ.)	[kenó aéros]
plaats (de)	**θέση** (θηλ.)	[θési]
koptelefoon (de)	**ακουστικά** (ουδ.πλ.)	[akustiká]
tafeltje (het)	**πτυσσόμενο τραπεζάκι** (ουδ.)	[ptisómeno trapezáki]
venster (het)	**παράθυρο** (ουδ.)	[paráθiro]
gangpad (het)	**διάδρομος** (αρ.)	[ðiáðromos]

106. Trein

trein (de)	**τραίνο, τρένο** (ουδ.)	[tréno]
elektrische trein (de)	**περιφερειακό τρένο** (ουδ.)	[periferiakó tréno]
sneltrein (de)	**τρένο εξπρές** (ουδ.)	[tréno eksprés]
diesellocomotief (de)	**αμαξοστοιχία ντίζελ** (θηλ.)	[amaksostixía dízelʲ]
stoomlocomotief (de)	**ατμάμαξα** (θηλ.)	[atmámaksa]
rijtuig (het)	**βαγόνι** (ουδ.)	[vaɣóni]
restauratierijtuig (het)	**εστιατόριο** (ουδ.)	[estiatório]
rails (mv.)	**ράγες** (θηλ.πλ.)	[ráj̯es]
spoorweg (de)	**σιδηρόδρομος** (αρ.)	[siðiróðromos]
dwarsligger (de)	**στρωτήρας** (αρ.)	[strotíras]
perron (het)	**πλατφόρμα** (θηλ.)	[plʲatfórma]
spoor (het)	**αποβάθρα** (θηλ.)	[apováθra]
semafoor (de)	**σηματοδότης** (αρ.)	[simatoðótis]
halte (bijv. kleine treinhalte)	**σταθμός** (αρ.)	[staθmós]
machinist (de)	**οδηγός τρένου** (αρ.)	[oðiɣós trénu]
kruier (de)	**αχθοφόρος** (αρ.)	[axθofóros]
conducteur (de)	**συνοδός** (αρ.)	[sinoðós]
passagier (de)	**επιβάτης** (αρ.)	[epivátis]
controleur (de)	**ελεγκτής εισιτηρίων** (αρ.)	[elengtís isitiríon]
gang (in een trein)	**διάδρομος** (αρ.)	[ðiáðromos]
noodrem (de)	**φρένο έκτακτης ανάγκης** (ουδ.)	[fréno éktaktis anángis]
coupé (de)	**κουπέ** (ουδ.)	[kupé]
bed (slaapplaats)	**κουκέτα** (θηλ.)	[kukéta]
bovenste bed (het)	**πάνω κουκέτα** (θηλ.)	[páno kukéta]
onderste bed (het)	**κάτω κουκέτα** (θηλ.)	[káto kukéta]
beddengoed (het)	**σεντόνια** (ουδ.πλ.)	[sendónia]
kaartje (het)	**εισιτήριο** (ουδ.)	[isitírio]
dienstregeling (de)	**δρομολόγιο** (ουδ.)	[ðromolʲój̯o]
informatiebord (het)	**πίνακας πληροφοριών** (αρ.)	[pínakas pliroforión]
vertrekken (De trein vertrekt ...)	**αναχωρώ**	[anaxoró]
vertrek (ov. een trein)	**αναχώρηση** (θηλ.)	[anaxórisi]
aankomen (ov. de treinen)	**φτάνω**	[ftáno]
aankomst (de)	**άφιξη** (θηλ.)	[áfiksi]
aankomen per trein	**έρχομαι με τρένο**	[érxome me tréno]
in de trein stappen	**ανεβαίνω στο τρένο**	[anevéno sto tréno]
uit de trein stappen	**κατεβαίνω από το τρένο**	[katevéno apó to tréno]
treinwrak (het)	**πρόσκρουση τρένου** (θηλ.)	[próskrusi trénu]
stoker (de)	**θερμαστής** (αρ.)	[θermastís]
stookplaats (de)	**θάλαμο καύσης** (ουδ.)	[θálʲamo káfsis]
steenkool (de)	**κάρβουνο** (ουδ.)	[kárvuno]

107. Schip

schip (het)	**πλοίο** (ουδ.)	[plío]
vaartuig (het)	**σκάφος** (ουδ.)	[skáfos]
stoomboot (de)	**ατμόπλοιο** (ουδ.)	[atmóplio]
motorschip (het)	**ποταμόπλοιο** (ουδ.)	[potamóplio]
lijnschip (het)	**κρουαζιερόπλοιο** (ουδ.)	[kruazieróplio]
kruiser (de)	**καταδρομικό** (ουδ.)	[kataðromikó]
jacht (het)	**κότερο** (ουδ.)	[kótero]
sleepboot (de)	**ρυμουλκό** (ουδ.)	[rimulʲkó]
duwbak (de)	**φορτηγίδα** (θηλ.)	[fortijíða]
ferryboot (de)	**φέρι μποτ** (ουδ.)	[féri bot]
zeilboot (de)	**ιστιοφόρο** (ουδ.)	[istiofóro]
brigantijn (de)	**βριγαντίνο** (ουδ.)	[vriɣantíno]
ijsbreker (de)	**παγοθραυστικό** (ουδ.)	[paɣoθrafstikó]
duikboot (de)	**υποβρύχιο** (ουδ.)	[ipovríxo]
boot (de)	**βάρκα** (θηλ.)	[várka]
sloep (de)	**λέμβος** (θηλ.)	[lémvos]
reddingssloep (de)	**σωσίβια λέμβος** (θηλ.)	[sosívia lémvos]
motorboot (de)	**ταχύπλοο** (ουδ.)	[taxíplʲoo]
kapitein (de)	**καπετάνιος** (αρ.)	[kapetánios]
zeeman (de)	**ναύτης** (αρ.)	[náftis]
matroos (de)	**ναυτικός** (αρ.)	[naftikós]
bemanning (de)	**πλήρωμα** (ουδ.)	[plíroma]
bootsman (de)	**λοστρόμος** (αρ.)	[lʲostrómos]
scheepsjongen (de)	**μούτσος** (αρ.)	[mútsos]
kok (de)	**μάγειρας** (αρ.)	[májiras]
scheepsarts (de)	**ιατρός πλοίου** (αρ.)	[jatrós plíu]
dek (het)	**κατάστρωμα** (ουδ.)	[katástroma]
mast (de)	**κατάρτι** (ουδ.)	[katárti]
zeil (het)	**ιστίο** (ουδ.)	[istío]
ruim (het)	**αμπάρι** (ουδ.)	[ambári]
voorsteven (de)	**πλώρη** (θηλ.)	[plóri]
achtersteven (de)	**πρύμνη** (θηλ.)	[prímni]
roeispaan (de)	**κουπί** (ουδ.)	[kupí]
schroef (de)	**προπέλα** (θηλ.)	[propélʲa]
kajuit (de)	**καμπίνα** (θηλ.)	[kabína]
officierskamer (de)	**αίθουσα αξιωματικών** (ουδ.)	[éθusa aksiomatikón]
machinekamer (de)	**μηχανοστάσιο** (ουδ.)	[mixanostásio]
brug (de)	**γέφυρα** (θηλ.)	[jéfira]
radiokamer (de)	**θάλαμος επικοινωνιών** (αρ.)	[θálamos epikinonión]
radiogolf (de)	**κύμα** (ουδ.)	[kíma]
logboek (het)	**ημερολόγιο πλοίου** (ουδ.)	[imerolʲójo plíu]
verrekijker (de)	**κυάλι** (ουδ.)	[kiáli]
klok (de)	**καμπάνα** (θηλ.)	[kabána]

vlag (de)	**σημαία** (θηλ.)	[siméa]
kabel (de)	**παλαμάρι** (ουδ.)	[palʲamári]
knoop (de)	**κόμβος** (αρ.)	[kómvos]
leuning (de)	**κουπαστή** (θηλ.)	[kupastí]
trap (de)	**σκάλα επιβιβάσεως** (θηλ.)	[skálʲa epiviváseos]
anker (het)	**άγκυρα** (θηλ.)	[ángira]
het anker lichten	**σηκώνω άγκυρα**	[sikóno ángira]
het anker neerlaten	**ρίχνω άγκυρα**	[ríxno ángira]
ankerketting (de)	**αλυσίδα της άγκυρας** (θηλ.)	[alisíða tis ángiras]
haven (bijv. containerhaven)	**λιμάνι** (ουδ.)	[limáni]
kaai (de)	**προβλήτα** (θηλ.)	[provlíta]
aanleggen (ww)	**αράζω**	[arázo]
wegvaren (ww)	**σαλπάρω**	[salʲpáro]
reis (de)	**ταξίδι** (ουδ.)	[taksíði]
cruise (de)	**κρουαζιέρα** (θηλ.)	[kruaziéra]
koers (de)	**ρότα, πορεία** (θηλ.)	[róta], [poría]
route (de)	**δρομολόγιο** (ουδ.)	[ðromolʲóʝo]
vaarwater (het)	**πλωτό μέρος** (ουδ.)	[plʲotó méros]
zandbank (de)	**ρηχά** (ουδ.πλ.)	[rixá]
stranden (ww)	**εξοκέλλω**	[eksokélʲo]
storm (de)	**καταιγίδα** (θηλ.)	[kateʝíða]
signaal (het)	**σήμα** (ουδ.)	[síma]
zinken (ov. een boot)	**βυθίζομαι**	[viθízome]
SOS (noodsignaal)	**SOS** (ουδ.)	[es-o-es]
reddingsboei (de)	**σωσίβιο** (ουδ.)	[sosívio]

108. Vliegveld

luchthaven (de)	**αεροδρόμιο** (ουδ.)	[aeroðrómio]
vliegtuig (het)	**αεροπλάνο** (ουδ.)	[aeroplʲáno]
luchtvaartmaatschappij (de)	**αεροπορική εταιρεία** (θηλ.)	[aeroporikí etería]
luchtverkeersleider (de)	**ελεγκτής εναέριας κυκλοφορίας** (αρ.)	[elengtís enaérias kiklʲoforías]
vertrek (het)	**αναχώρηση** (θηλ.)	[anaxórisi]
aankomst (de)	**άφιξη** (θηλ.)	[áfiksi]
aankomen (per vliegtuig)	**φτάνω**	[ftáno]
vertrektijd (de)	**ώρα αναχώρησης** (θηλ.)	[ora anaxórisis]
aankomstuur (het)	**ώρα άφιξης** (θηλ.)	[óra áfiksis]
vertraagd zijn (ww)	**καθυστερώ**	[kaθisteró]
vluchtvertraging (de)	**καθυστέρηση πτήσης** (θηλ.)	[kaθistérisi ptísis]
informatiebord (het)	**πίνακας πληροφοριών** (αρ.)	[pínakas pliroforión]
informatie (de)	**πληροφορίες** (θηλ.πλ.)	[pliroforíes]
aankondigen (ww)	**ανακοινώνω**	[anakinóno]
vlucht (bijv. KLM ~)	**πτήση** (θηλ.)	[ptísi]

douane (de)	**τελωνείο** (ουδ.)	[telʲonío]
douanier (de)	**τελωνειακός** (αρ.)	[telʲoniakós]
douaneaangifte (de)	**τελωνειακή διασάφηση** (θηλ.)	[telʲoniakí ðiasáfisi]
een douaneaangifte invullen	**συμπληρώνω τη δήλωση**	[simbliróno ti ðílʲosi]
paspoortcontrole (de)	**έλεγχος διαβατηρίων** (αρ.)	[élenxos ðiavatiríon]
bagage (de)	**αποσκευές** (θηλ.πλ.)	[aposkevés]
handbagage (de)	**χειραποσκευή** (θηλ.)	[xiraposkeví]
bagagekarretje (het)	**καρότσι αποσκευών** (ουδ.)	[karótsi aposkevón]
landing (de)	**προσγείωση** (θηλ.)	[prozʝíosi]
landingsbaan (de)	**διάδρομος προσγείωσης** (αρ.)	[ðiáðromos prozʝíosis]
landen (ww)	**προσγειώνομαι**	[prozʝiónome]
vliegtuigtrap (de)	**σκάλα αεροσκάφους** (θηλ.)	[skálʲa aeroskáfus]
inchecken (het)	**check-in** (ουδ.)	[ʧek-in]
incheckbalie (de)	**πάγκος ελέγχου εισιτηρίων** (αρ.)	[pángos elénxu isitiríon]
inchecken (ww)	**κάνω check-in**	[káno ʧek-in]
instapkaart (de)	**κάρτα επιβίβασης** (θηλ.)	[kárta epivívasis]
gate (de)	**πύλη αναχώρησης** (θηλ.)	[píli anaxórisis]
transit (de)	**διέλευση** (θηλ.)	[ðiélefsi]
wachten (ww)	**περιμένω**	[periméno]
wachtzaal (de)	**αίθουσα αναχώρησης** (θηλ.)	[éθusa anaxórisis]
begeleiden (uitwuiven)	**συνοδεύω**	[sinoðévo]
afscheid nemen (ww)	**αποχαιρετώ**	[apoxeretó]

Gebeurtenissen in het leven

109. Vakanties. Evenement

feest (het)	**γιορτή** (θηλ.)	[jortí]
nationale feestdag (de)	**εθνική γιορτή** (θηλ.)	[eθnikí jortí]
feestdag (de)	**αργία** (θηλ.)	[arjía]
herdenken (ww)	**γιορτάζω**	[jortázo]
gebeurtenis (de)	**γεγονός** (ουδ.)	[jeɣonós]
evenement (het)	**εκδήλωση** (θηλ.)	[ekðílʲosi]
banket (het)	**συμπόσιο** (ουδ.)	[simbósio]
receptie (de)	**δεξίωση** (θηλ.)	[ðeksíosi]
feestmaal (het)	**γλέντι** (ουδ.)	[ɣléndi]
verjaardag (de)	**επέτειος** (θηλ.)	[epétios]
jubileum (het)	**ιωβηλαίο** (ουδ.)	[ioviléo]
vieren (ww)	**γιορτάζω**	[jortázo]
Nieuwjaar (het)	**Πρωτοχρονιά** (θηλ.)	[protoxroniá]
Gelukkig Nieuwjaar!	**Καλή Χρονιά!**	kalí xroniá!
Sinterklaas (de)	**Άγιος Βασίλης** (αρ.)	[ájos vasílis]
Kerstfeest (het)	**Χριστούγεννα** (ουδ.πλ.)	[xristújena]
Vrolijk kerstfeest!	**Καλά Χριστούγεννα!**	[kalʲá xristújena]
kerstboom (de)	**Χριστουγεννιάτικο δέντρο** (ουδ.)	[xristujeniátiko ðéndro]
vuurwerk (het)	**πυροτεχνήματα** (ουδ.πλ.)	[pirotexnímata]
bruiloft (de)	**γάμος** (αρ.)	[ɣámos]
bruidegom (de)	**γαμπρός** (αρ.)	[ɣambrós]
bruid (de)	**νύφη** (θηλ.)	[nífi]
uitnodigen (ww)	**προσκαλώ**	[proskalʲó]
uitnodigingskaart (de)	**πρόσκληση** (θηλ.)	[prósklisi]
gast (de)	**επισκέπτης** (αρ.)	[episképtis]
op bezoek gaan	**επισκέπτομαι**	[episképtome]
gasten verwelkomen	**συναντώ τους καλεσμένους**	[sinandó tus kalezménus]
geschenk, cadeau (het)	**δώρο** (ουδ.)	[ðóro]
geven (iets cadeau ~)	**δίνω**	[ðíno]
geschenken ontvangen	**παίρνω δώρα**	[pérno ðóra]
boeket (het)	**ανθοδέσμη** (θηλ.)	[anθoðézmi]
felicitaties (mv.)	**συγχαρητήρια** (ουδ.πλ.)	[sinxaritíria]
feliciteren (ww)	**συγχαίρω**	[sinxéro]
wenskaart (de)	**ευχετήρια κάρτα** (θηλ.)	[efxetíria kárta]
een kaartje versturen	**στέλνω κάρτα**	[stélʲno kárta]

een kaartje ontvangen	**λαμβάνω κάρτα**	[lʲamváno kárta]
toast (de)	**πρόποση** (θηλ.)	[próposi]
aanbieden (een drankje ~)	**κερνάω**	[kernáo]
champagne (de)	**σαμπάνια** (θηλ.)	[sambánia]
plezier hebben (ww)	**διασκεδάζω**	[ðiaskeðázo]
plezier (het)	**ευθυμία** (θηλ.)	[efθimía]
vreugde (de)	**χαρά** (θηλ.)	[xará]
dans (de)	**χορός** (αρ.)	[xorós]
dansen (ww)	**χορεύω**	[xorévo]
wals (de)	**βαλς** (ουδ.)	[valʲs]
tango (de)	**τανγκό** (ουδ.)	[tangó]

110. Begrafenissen. Begrafenis

kerkhof (het)	**νεκροταφείο** (ουδ.)	[nekrotafío]
graf (het)	**τάφος** (αρ.)	[táfos]
kruis (het)	**σταυρός** (αρ.)	[stavrós]
grafsteen (de)	**ταφόπλακα** (θηλ.)	[tafóplʲaka]
omheining (de)	**φράχτης** (αρ.)	[fráxtis]
kapel (de)	**παρεκκλήσι** (ουδ.)	[pareklísi]
dood (de)	**θάνατος** (αρ.)	[θánatos]
sterven (ww)	**πεθαίνω**	[peθéno]
overledene (de)	**νεκρός** (αρ.)	[nekrós]
rouw (de)	**πένθος** (ουδ.)	[pénθos]
begraven (ww)	**θάβω**	[θávo]
begrafenisonderneming (de)	**γραφείο τελετών** (ουδ.)	[ɣrafío teletón]
begrafenis (de)	**κηδεία** (θηλ.)	[kiðía]
krans (de)	**στεφάνι** (ουδ.)	[stefáni]
doodskist (de)	**φέρετρο** (ουδ.)	[féretro]
lijkwagen (de)	**νεκροφόρα** (θηλ.)	[nekrofóra]
lijkkleed (de)	**σάβανο** (ουδ.)	[sávano]
urn (de)	**τεφροδόχος** (θηλ.)	[tefroðóxos]
crematorium (het)	**κρεματόριο** (ουδ.)	[krematório]
overlijdensbericht (het)	**νεκρολογία** (θηλ.)	[nekrolʲoʝía]
huilen (wenen)	**κλαίω**	[kléo]
snikken (huilen)	**οδύρομαι**	[oðírome]

111. Oorlog. Soldaten

peloton (het)	**διμοιρία** (θηλ.)	[ðimiría]
compagnie (de)	**λόχος** (αρ.)	[lʲóxos]
regiment (het)	**σύνταγμα** (ουδ.)	[síndaɣma]
leger (armee)	**στρατός** (αρ.)	[stratós]
divisie (de)	**μεραρχία** (θηλ.)	[merarxía]

| sectie (de) | απόσπασμα (ουδ.) | [apóspazma] |
| troep (de) | στρατιά (θηλ.) | [stratiá] |

| soldaat (militair) | στρατιώτης (αρ.) | [stratiótis] |
| officier (de) | αξιωματικός (αρ.) | [aksiomatikós] |

soldaat (rang)	απλός στρατιώτης (αρ.)	[apl'ós stratiótis]
sergeant (de)	λοχίας (αρ.)	[l'oxías]
luitenant (de)	υπολοχαγός (αρ.)	[ipol'oxaɣós]
kapitein (de)	λοχαγός (αρ.)	[l'oxaɣós]
majoor (de)	ταγματάρχης (αρ.)	[taɣmatárxis]
kolonel (de)	συνταγματάρχης (αρ.)	[sindaɣmatárxis]
generaal (de)	στρατηγός (αρ.)	[stratiɣós]

matroos (de)	ναυτικός (αρ.)	[naftikós]
kapitein (de)	καπετάνιος (αρ.)	[kapetánios]
bootsman (de)	λοστρόμος (αρ.)	[l'ostrómos]

artillerist (de)	πυροβολητής (αρ.)	[pirovolitís]
valschermjager (de)	αλεξιπτωτιστής (αρ.)	[aleksiptotís]
piloot (de)	αεροπόρος (αρ.)	[aeropóros]
stuurman (de)	πλοηγός (αρ.)	[pl'oiɣós]
mecanicien (de)	μηχανικός (αρ.)	[mixanikós]

sappeur (de)	σκαπανέας (αρ.)	[skapanéas]
parachutist (de)	αλεξιπτωτιστής (αρ.)	[aleksiptotís]
verkenner (de)	στρατιωτικός αναγνώρισης (αρ.)	[stratiotikós anaɣnórisis]
scherpschutter (de)	δεινός σκοπευτής (αρ.)	[ðinós skopeftís]
patrouille (de)	περιπολία (θηλ.)	[peripolía]
patrouilleren (ww)	περιπολώ	[peripol'ó]
wacht (de)	σκοπός (αρ.)	[skopós]

krijger (de)	πολεμιστής (αρ.)	[polemistís]
patriot (de)	πατριώτης (αρ.)	[patriótis]
held (de)	ήρωας (αρ.)	[íroas]
heldin (de)	ηρωίδα (θηλ.)	[iroíða]

verrader (de)	προδότης (αρ.)	[proðótis]
deserteur (de)	λιποτάκτης (αρ.)	[lipotáktis]
deserteren (ww)	λιποτακτώ	[lipotaktó]

huurling (de)	μισθοφόρος (αρ.)	[misθofóros]
rekruut (de)	νεοσύλλεκτος (αρ.)	[neosílektos]
vrijwilliger (de)	εθελοντής (αρ.)	[eθel'ondís]

gedode (de)	νεκρός (αρ.)	[nekrós]
gewonde (de)	τραυματίας (αρ.)	[travmatías]
krijgsgevangene (de)	αιχμάλωτος (αρ.)	[exmál'otos]

112. Oorlog. Militaire acties. Deel 1

| oorlog (de) | πόλεμος (αρ.) | [pólemos] |
| oorlog voeren (ww) | πολεμώ | [polemó] |

burgeroorlog (de)	**εμφύλιος πόλεμος** (αρ.)	[emfílios pólemos]
achterbaks (bw)	**ύπουλα**	[ípulʲa]
oorlogsverklaring (de)	**κήρυξη πολέμου** (θηλ.)	[kíriksi polému]
verklaren (de oorlog ~)	**κηρύσσω πόλεμο**	[kiríso pólemo]
agressie (de)	**επιθετικότητα** (θηλ.)	[epiθetikótita]
aanvallen (binnenvallen)	**επιτίθεμαι**	[epitíθeme]

binnenvallen (ww)	**εισβάλλω**	[isválʲo]
invaller (de)	**επιδρομέας** (αρ.)	[epiðroméas]
veroveraar (de)	**κατακτητής** (αρ.)	[kataktitís]

verdediging (de)	**άμυνα** (θηλ.)	[ámina]
verdedigen (je land ~)	**υπερασπίζω**	[iperaspízo]
zich verdedigen (ww)	**αμύνομαι**	[amínome]

vijand (de)	**εχθρός** (αρ.)	[exθrós]
tegenstander (de)	**αντίπαλος** (αρ.)	[andípalʲos]
vijandelijk (bn)	**εχθρικός**	[exθrikós]

strategie (de)	**στρατηγική** (θηλ.)	[stratiʝikí]
tactiek (de)	**τακτική** (θηλ.)	[taktikí]

order (de)	**διαταγή** (θηλ.)	[ðiataʝí]
bevel (het)	**διαταγή** (θηλ.)	[ðiataʝí]
bevelen (ww)	**διατάζω**	[ðiatázo]
opdracht (de)	**αποστολή** (θηλ.)	[apostolí]
geheim (bn)	**μυστικός**	[mistikós]

strijd, slag (de)	**μάχη** (θηλ.)	[máxi]
aanval (de)	**επίθεση** (θηλ.)	[epíθesi]
bestorming (de)	**επίθεση** (θηλ.)	[epíθesi]
bestormen (ww)	**επιτίθεμαι**	[epitíθeme]
bezetting (de)	**πολιορκία** (θηλ.)	[poliorkía]

aanval (de)	**επίθεση** (θηλ.)	[epíθesi]
in het offensief te gaan	**επιτίθεμαι**	[epitíθeme]

terugtrekking (de)	**υποχώρηση** (θηλ.)	[ipoxórisi]
zich terugtrekken (ww)	**υποχωρώ**	[ipoxoró]

omsingeling (de)	**περικύκλωση** (θηλ.)	[perikíklʲosi]
omsingelen (ww)	**περικυκλώνω**	[perikiklʲóno]

bombardement (het)	**βομβαρδισμός** (αρ.)	[vomvarðizmós]
een bom gooien	**ρίχνω βόμβα**	[ríxno vómva]
bombarderen (ww)	**βομβαρδίζω**	[vomvarðízo]
ontploffing (de)	**έκρηξη** (θηλ.)	[ékriksi]

schot (het)	**πυροβολισμός** (αρ.)	[pirovolizmós]
een schot lossen	**πυροβολώ**	[pirovolʲó]
schieten (het)	**πυροβολισμός** (αρ.)	[pirovolizmós]

mikken op (ww)	**στοχεύω σε ...**	[stoxévo se]
aanleggen (een wapen ~)	**σημαδεύω**	[simaðévo]
treffen (doelwit ~)	**πετυχαίνω**	[petixéno]
zinken (tot zinken brengen)	**βυθίζω**	[viθízo]

kogelgat (het)	**ρήγμα** (ουδ.)	[ríɣma]
zinken (gezonken zijn)	**βουλιάζω**	[vuliázo]
front (het)	**μέτωπο** (ουδ.)	[métopo]
evacuatie (de)	**εκκένωση** (θηλ.)	[ekénosi]
evacueren (ww)	**εκκενώνω**	[ekenóno]
prikkeldraad (de)	**συρματόπλεγμα** (ουδ.)	[sirmatópleɣma]
verdedigingsobstakel (het)	**εμπόδιο** (ουδ.)	[embóðio]
wachttoren (de)	**παρατηρητήριο** (ουδ.)	[paratiritírio]
hospitaal (het)	**στρατιωτικό νοσοκομείο** (ουδ.)	[stratiotikó nosokomío]
verwonden (ww)	**τραυματίζω**	[travmatízo]
wond (de)	**πληγή** (θηλ.)	[pliʝí]
gewonde (de)	**τραυματίας** (αρ.)	[travmatías]
gewond raken (ww)	**τραυματίζομαι**	[travmatízome]
ernstig (~e wond)	**σοβαρός**	[sovarós]

113. Oorlog. Militaire acties. Deel 2

krijgsgevangenschap (de)	**αιχμαλωσία** (θηλ.)	[exmalʲosía]
krijgsgevangen nemen	**αιχμαλωτίζω**	[exmalʲotízo]
krijgsgevangene zijn	**είμαι αιχμάλωτος**	[íme exmálʲotos]
krijgsgevangen genomen worden	**αιχμαλωτίζομαι**	[exmalʲotízome]
concentratiekamp (het)	**στρατόπεδο συγκέντρωσης** (ουδ.)	[stratópeðo singendrósis]
krijgsgevangene (de)	**αιχμάλωτος** (αρ.)	[exmálʲotos]
vluchten (ww)	**δραπετεύω**	[ðrapetévo]
verraden (ww)	**προδίδω**	[proðíðo]
verrader (de)	**προδότης** (αρ.)	[proðótis]
verraad (het)	**προδοσία** (θηλ.)	[proðosía]
fusilleren (executeren)	**εκτελώ**	[ektelʲó]
executie (de)	**τυφεκισμός** (αρ.)	[tifekizmós]
uitrusting (de)	**εξοπλισμός** (αρ.)	[eksoplizmós]
schouderstuk (het)	**επωμίδα** (θηλ.)	[epomíða]
gasmasker (het)	**μάσκα αερίων** (θηλ.)	[máska aeríon]
portofoon (de)	**πομποδέκτης** (αρ.)	[pomboðéktis]
geheime code (de)	**κωδικός** (αρ.)	[koðikós]
samenzwering (de)	**μυστικότητα** (θηλ.)	[mistikótita]
wachtwoord (het)	**κωδικός** (αρ.)	[koðikós]
mijn (landmijn)	**νάρκη** (θηλ.)	[nárki]
ondermijnen (legden mijnen)	**ναρκοθετώ**	[narkoθetó]
mijnenveld (het)	**ναρκοπέδιο** (ουδ.)	[narkopéðio]
luchtalarm (het)	**αεροπορικός συναγερμός** (αρ.)	[aeroporikós sinaʝermós]

alarm (het)	**συναγερμός** (αρ.)	[sinajermós]
signaal (het)	**σήμα** (ουδ.)	[síma]
vuurpijl (de)	**συνθηματική ρουκέτα** (θηλ.)	[sinθimatikí rukéta]
staf (generale ~)	**αρχηγείο** (ουδ.)	[arxijío]
verkenning (de)	**αναγνώριση** (θηλ.)	[anaɣnórisi]
toestand (de)	**κατάσταση** (θηλ.)	[katástasi]
rapport (het)	**αναφορά** (θηλ.)	[anaforá]
hinderlaag (de)	**ενέδρα** (θηλ.)	[enéðra]
versterking (de)	**ενισχύσεις** (θηλ.πλ.)	[enisxísis]
doel (bewegend ~)	**στόχος** (αρ.)	[stóxos]
proefterrein (het)	**πεδίο βολής** (ουδ.)	[peðío volís]
manoeuvres (mv.)	**στρατιωτική άσκηση** (θηλ.)	[stratiotikí áskisi]
paniek (de)	**πανικός** (αρ.)	[panikós]
verwoesting (de)	**ερείπια** (ουδ.πλ.)	[erípia]
verwoestingen (mv.)	**καταστροφές** (θηλ.πλ.)	[katastrofés]
verwoesten (ww)	**καταστρέφω**	[katastréfo]
overleven (ww)	**επιβιώνω**	[epivevióno]
ontwapenen (ww)	**αφοπλίζω**	[afoplízo]
behandelen (een pistool ~)	**μεταχειρίζομαι**	[metaxirízome]
Geeft acht!	**Προσοχή!**	[prosoxí]
Op de plaats rust!	**Ανάπαυση!**	[anápafsi]
heldendaad (de)	**άθλος** (αρ.)	[áθlʲos]
eed (de)	**όρκος** (αρ.)	[órkos]
zweren (een eed doen)	**ορκίζομαι**	[orkízome]
decoratie (de)	**μετάλλιο, παράσημο** (ουδ.)	[metálio], [parásimo]
onderscheiden (een ereteken geven)	**απονέμω**	[aponémo]
medaille (de)	**μετάλλιο** (ουδ.)	[metálio]
orde (de)	**παράσημο** (ουδ.)	[parásimo]
overwinning (de)	**νίκη** (θηλ.)	[níki]
verlies (het)	**ήττα** (θηλ.)	[íta]
wapenstilstand (de)	**ανακωχή** (θηλ.)	[anakoxí]
wimpel (vaandel)	**σημαία** (θηλ.)	[siméa]
roem (de)	**δόξα** (θηλ.)	[ðóksa]
parade (de)	**παρέλαση** (θηλ.)	[parélʲasi]
marcheren (ww)	**παρελαύνω**	[parelʲávno]

114. Wapens

wapens (mv.)	**όπλα** (ουδ.πλ.)	[óplʲa]
vuurwapens (mv.)	**πυροβόλα όπλα** (ουδ.πλ.)	[pirovólʲa óplʲa]
koude wapens (mv.)	**αγχέμαχα όπλα** (ουδ.πλ.)	[anxémaxa óplʲa]
chemische wapens (mv.)	**χημικά όπλα** (ουδ.πλ.)	[ximiká óplʲa]
kern-, nucleair (bn)	**πυρηνικός**	[pirinikós]

kernwapens (mv.)	**πυρηνικά όπλα** (ουδ.πλ.)	[pirinikά όplʲa]
bom (de)	**βόμβα** (θηλ.)	[vómva]
atoombom (de)	**ατομική βόμβα** (θηλ.)	[atomikí vómva]
pistool (het)	**πιστόλι** (ουδ.)	[pistóli]
geweer (het)	**τουφέκι** (ουδ.)	[tuféki]
machinepistool (het)	**αυτόματο** (ουδ.)	[aftómato]
machinegeweer (het)	**πολυβόλο** (ουδ.)	[polivólʲo]
loop (schietbuis)	**στόμιο κάννης** (ουδ.)	[stómio kánis]
loop (bijv. geweer met kortere ~)	**κάννη** (θηλ.)	[káni]
kaliber (het)	**διαμέτρημα** (ουδ.)	[ðiamétrima]
trekker (de)	**σκανδάλη** (θηλ.)	[skanðáli]
korrel (de)	**στόχαστρο** (ουδ.)	[stóxastro]
magazijn (het)	**γεμιστήρας** (αρ.)	[ʝemistíras]
geweerkolf (de)	**κοντάκι** (ουδ.)	[kondáki]
granaat (handgranaat)	**χειροβομβίδα** (θηλ.)	[xirovomvíða]
explosieven (mv.)	**εκρηκτικό** (ουδ.)	[ekriktikó]
kogel (de)	**σφαίρα** (θηλ.)	[sféra]
patroon (de)	**φυσίγγι** (ουδ.)	[fisíngi]
lading (de)	**γόμωση** (θηλ.)	[ɣómosi]
ammunitie (de)	**πυρομαχικά** (ουδ.πλ.)	[piromaxiká]
bommenwerper (de)	**βομβαρδιστικό αεροπλάνο** (ουδ.)	[vomvarðistikó aeroplʲáno]
straaljager (de)	**μαχητικό αεροσκάφος** (ουδ.)	[maxitikó aeroskáfos]
helikopter (de)	**ελικόπτερο** (ουδ.)	[elikóptero]
afweergeschut (het)	**αντιαεροπορικό πυροβόλο** (ουδ.)	[andiaeroporikó pirovólʲo]
tank (de)	**τανκ** (ουδ.)	[tank]
kanon (tank met een ~ van 76 mm)	**πυροβόλο** (ουδ.)	[pirovólʲo]
artillerie (de)	**πυροβολικό** (ουδ.)	[pirovolikó]
aanleggen (een wapen ~)	**σημαδεύω**	[simaðévo]
projectiel (het)	**βλήμα** (ουδ.)	[vlíma]
mortiergranaat (de)	**βλήμα όλμου** (ουδ.)	[vlíma ólʲmu]
mortier (de)	**όλμος** (αρ.), **ολμοβόλο** (ουδ.)	[ólʲmos], [olʲmovólʲo]
granaatscherf (de)	**θραύσμα** (ουδ.)	[θrávzma]
duikboot (de)	**υποβρύχιο** (ουδ.)	[ipovríxo]
torpedo (de)	**τορπίλη** (θηλ.)	[torpíli]
raket (de)	**ρουκέτα** (θηλ.)	[rukéta]
laden (geweer, kanon)	**γεμίζω**	[ʝemízo]
schieten (ww)	**πυροβολώ**	[pirovolʲó]
richten op (mikken)	**στοχεύω σε ...**	[stoxévo se]
bajonet (de)	**ξιφολόγχη** (θηλ.)	[ksifolʲónxi]
degen (de)	**ξίφος** (ουδ.)	[ksífos]

sabel (de)	**σπαθί** (ουδ.)	[spaθí]
speer (de)	**δόρυ** (ουδ.)	[ðóri]
boog (de)	**τόξο** (ουδ.)	[tókso]
pijl (de)	**βέλος** (ουδ.)	[vélʲos]
musket (de)	**μουσκέτο** (ουδ.)	[muskéto]
kruisboog (de)	**τόξο** (ουδ.)	[tókso]

115. Oude mensen

primitief (bn)	**πρωτόγονος**	[protóɣonos]
voorhistorisch (bn)	**προϊστορικός**	[projstorikós]
eeuwenoude (~ beschaving)	**αρχαίος**	[arxéos]
Steentijd (de)	**Λίθινη Εποχή** (θηλ.)	[líθini epoxí]
Bronstijd (de)	**Εποχή του Χαλκού** (θηλ.)	[epoxí tu xalʲkú]
IJstijd (de)	**Εποχή των Παγετώνων** (θηλ.)	[epoxí ton paɣetónon]
stam (de)	**φυλή** (θηλ.)	[filí]
menseneter (de)	**κανίβαλος** (αρ.)	[kanívalʲos]
jager (de)	**κυνηγός** (αρ.)	[kiniɣós]
jagen (ww)	**κυνηγώ**	[kiniɣó]
mammoet (de)	**μαμούθ** (ουδ.)	[mamúθ]
grot (de)	**σπηλιά** (θηλ.)	[spiliá]
vuur (het)	**φωτιά** (θηλ.)	[fotiá]
kampvuur (het)	**φωτιά** (θηλ.)	[fotiá]
rotstekening (de)	**τοιχογραφία σπηλαίων** (θηλ.)	[tixoɣrafía spiléon]
werkinstrument (het)	**εργαλείο** (ουδ.)	[erɣalío]
speer (de)	**ακόντιο** (ουδ.)	[akóndio]
stenen bijl (de)	**πέτρινο τσεκούρι** (ουδ.)	[pétrino tsekúri]
oorlog voeren (ww)	**πολεμώ**	[polemó]
temmen (bijv. wolf ~)	**εξημερώνω**	[eksimeróno]
idool (het)	**είδωλο** (ουδ.)	[íðolʲo]
aanbidden (ww)	**λατρεύω**	[lʲatrévo]
bijgeloof (het)	**δεισιδαιμονία** (θηλ.)	[ðisiðemonía]
evolutie (de)	**εξέλιξη** (θηλ.)	[ekséliksi]
ontwikkeling (de)	**ανάπτυξη** (θηλ.)	[anáptiksi]
verdwijning (de)	**εξαφάνιση** (θηλ.)	[eksafánisi]
zich aanpassen (ww)	**προσαρμόζομαι**	[prosarmózome]
archeologie (de)	**αρχαιολογία** (θηλ.)	[arxeolʲoʝía]
archeoloog (de)	**αρχαιολόγος** (αρ.)	[arxeolʲóɣos]
archeologisch (bn)	**αρχαιολογικός**	[arxeolʲoʝikós]
opgravingsplaats (de)	**χώρος ανασκαφής** (αρ.)	[xóros anaskafís]
opgravingen (mv.)	**ανασκαφή** (θηλ.)	[anaskafí]
vondst (de)	**εύρημα** (ουδ.)	[évrima]
fragment (het)	**τεμάχιο** (ουδ.)	[temáxio]

116. Middeleeuwen

volk (het)	**λαός** (αρ.)	[lʲaós]
volkeren (mv.)	**λαοί** (αρ.πλ.)	[lʲaí]
stam (de)	**φυλή** (θηλ.)	[filí]
stammen (mv.)	**φυλές** (θηλ.πλ.)	[filés]
barbaren (mv.)	**Βάρβαροι** (αρ.πλ.)	[várvari]
Galliërs (mv.)	**Γάλλοι** (αρ.πλ.)	[ɣáli]
Goten (mv.)	**Γότθοι** (αρ.πλ.)	[ɣótθi]
Slaven (mv.)	**Σλάβοι** (αρ.πλ.)	[slʲávi]
Vikings (mv.)	**Βίκινγκς** (αρ.πλ.)	[víkings]
Romeinen (mv.)	**Ρωμαίοι** (αρ.πλ.)	[roméi]
Romeins (bn)	**ρωμαϊκός**	[romaikós]
Byzantijnen (mv.)	**Βυζαντινοί** (αρ.πλ.)	[vizandiní]
Byzantium (het)	**Βυζάντιο** (ουδ.)	[vizándio]
Byzantijns (bn)	**βυζαντινός**	[vizandinós]
keizer (bijv. Romeinse ~)	**αυτοκράτορας** (αρ.)	[aftokrátoras]
opperhoofd (het)	**αρχηγός** (αρ.)	[arxiɣós]
machtig (bn)	**ισχυρός**	[isxirós]
koning (de)	**βασιλιάς** (αρ.)	[vasiliás]
heerser (de)	**ηγεμόνας** (αρ.)	[iʝemónas]
ridder (de)	**ιππότης** (αρ.)	[ipótis]
feodaal (de)	**φεουδάρχης** (αρ.)	[feuðárxis]
feodaal (bn)	**φεουδαρχικός**	[feuðarxikós]
vazal (de)	**υποτελής, βασάλος** (αρ.)	[ipotelís], [vasálʲos]
hertog (de)	**δούκας** (αρ.)	[ðúkas]
graaf (de)	**κόμης** (αρ.)	[kómis]
baron (de)	**βαρόνος** (αρ.)	[varónos]
bisschop (de)	**επίσκοπος** (αρ.)	[epískopos]
harnas (het)	**πανοπλία** (θηλ.)	[panoplía]
schild (het)	**ασπίδα** (θηλ.)	[aspíða]
zwaard (het)	**σπαθί** (ουδ.)	[spaθí]
maliënkolder (de)	**αλυσιδωτή πανοπλία** (θηλ.)	[alisiðotí panoplía]
kruistocht (de)	**σταυροφορία** (θηλ.)	[stavroforía]
kruisvaarder (de)	**σταυροφόρος** (αρ.)	[stavrofóros]
gebied (bijv. bezette ~en)	**έδαφος** (ουδ.)	[éðafos]
aanvallen (binnenvallen)	**επιτίθεμαι**	[epitíθeme]
veroveren (ww)	**κατακτώ**	[kataktó]
innemen (binnenvallen)	**καταλαμβάνω**	[katalʲamváno]
bezetting (de)	**πολιορκία** (θηλ.)	[poliorkía]
belegerd (bn)	**πολιορκημένος**	[poliorkiménos]
belegeren (ww)	**πολιορκώ**	[poliorkó]
inquisitie (de)	**Ιερά Εξέταση** (θηλ.)	[ierá eksétasi]
inquisiteur (de)	**ιεροεξεταστής** (αρ.)	[ieroeksetastís]

foltering (de)	βασανιστήριο (ουδ.)	[vasanistírio]
wreed (bn)	βάναυσος	[vánafsos]
ketter (de)	αιρετικός (αρ.)	[eretikós]
ketterij (de)	αίρεση (θηλ.)	[éresi]
zeevaart (de)	ναυτιλία (θηλ.)	[naftilía]
piraat (de)	πειρατής (αρ.)	[piratís]
piraterij (de)	πειρατεία (θηλ.)	[piratía]
enteren (het)	ρεσάλτο (ουδ.)	[resálˡto]
buit (de)	λάφυρο (ουδ.)	[ˡláfiro]
schatten (mv.)	θησαυροί (αρ.πλ.)	[θisavrí]
ontdekking (de)	ανακάλυψη (θηλ.)	[anakálipsi]
ontdekken (bijv. nieuw land)	ανακαλύπτω	[anakalípto]
expeditie (de)	αποστολή (θηλ.)	[apostolí]
musketier (de)	μουσκετοφόρος (αρ.)	[musketofóros]
kardinaal (de)	καρδινάλιος (αρ.)	[karðinálios]
heraldiek (de)	εραλδική (θηλ.)	[eralˡðikí]
heraldisch (bn)	εραλδικός	[eralˡðikós]

117. Leider. Baas. Autoriteiten

koning (de)	βασιλιάς (αρ.)	[vasiliás]
koningin (de)	βασίλισσα (θηλ.)	[vasílisa]
koninklijk (bn)	βασιλικός	[vasilikós]
koninkrijk (het)	βασίλειο (ουδ.)	[vasílio]
prins (de)	πρίγκιπας (αρ.)	[príngipas]
prinses (de)	πριγκίπισσα (θηλ.)	[pringípisa]
president (de)	πρόεδρος (αρ.)	[próeðros]
vicepresident (de)	αντιπρόεδρος (αρ.)	[andipróeðros]
senator (de)	γερουσιαστής (αρ.)	[jerusiastís]
monarch (de)	μονάρχης (αρ.)	[monárxis]
heerser (de)	ηγεμόνας (αρ.)	[ijemónas]
dictator (de)	δικτάτορας (αρ.)	[ðiktátoras]
tiran (de)	τύραννος (αρ.)	[tíranos]
magnaat (de)	μεγιστάνας (αρ.)	[mejistánas]
directeur (de)	διευθυντής (αρ.)	[ðiefθindís]
chef (de)	αφεντικό (ουδ.)	[afendikó]
beheerder (de)	διευθυντής (αρ.)	[ðiefθindís]
baas (de)	αφεντικό (ουδ.)	[afendikó]
eigenaar (de)	ιδιοκτήτης (αρ.)	[iðioktítis]
leider (de)	αρχηγός (αρ.)	[arxiɣós]
hoofd	επικεφαλής (αρ.)	[epikefalís]
(bijv. ~ van de delegatie)		
autoriteiten (mv.)	αρχές (θηλ.πλ.)	[arxés]
superieuren (mv.)	προϊστάμενοι (πλ.)	[projstámeni]
gouverneur (de)	κυβερνήτης (αρ.)	[kivernítis]
consul (de)	πρόξενος (αρ.)	[próksenos]

diplomaat (de)	**διπλωμάτης** (αρ.)	[ðiplʲomátis]
burgemeester (de)	**δήμαρχος** (αρ.)	[ðímarxos]
sheriff (de)	**σερίφης** (αρ.)	[serífis]
keizer (bijv. Romeinse ~)	**αυτοκράτορας** (αρ.)	[aftokrátoras]
tsaar (de)	**τσάρος** (αρ.)	[tsáros]
farao (de)	**Φαραώ** (αρ.)	[faraó]
kan (de)	**χαν, χάνος** (αρ.)	[xan], [xános]

118. De wet overtreden. Criminelen. Deel 1

bandiet (de)	**συμμορίτης** (αρ.)	[simorítis]
misdaad (de)	**έγκλημα** (ουδ.)	[énglima]
misdadiger (de)	**εγκληματίας** (αρ.)	[englimatías]
dief (de)	**κλέφτης** (αρ.)	[kléftis]
stelen (ww)	**κλέβω**	[klévo]
stelen (de)	**κλοπή** (θηλ.)	[klʲopí]
diefstal (de)	**κλοπή** (θηλ.)	[klʲopí]
kidnappen (ww)	**απάγω**	[apáɣo]
kidnapping (de)	**απαγωγή** (θηλ.)	[apaɣoʝí]
kidnapper (de)	**απαγωγέας** (αρ.)	[apaɣoʝéas]
losgeld (het)	**λύτρα** (ουδ.πλ.)	[lítra]
eisen losgeld (ww)	**ζητώ λύτρα**	[zitó lítra]
overvallen (ww)	**ληστεύω**	[listévo]
overval (de)	**ληστεία** (θηλ.)	[listía]
overvaller (de)	**ληστής** (αρ.)	[listís]
afpersen (ww)	**αποσπώ εκβιαστικά**	[apospó ekviastiká]
afperser (de)	**εκβιαστής** (αρ.)	[ekviastís]
afpersing (de)	**εκβιασμός** (αρ.)	[ekviazmós]
vermoorden (ww)	**σκοτώνω**	[skotóno]
moord (de)	**φόνος** (αρ.)	[fónos]
moordenaar (de)	**δολοφόνος** (αρ.)	[ðolʲofónos]
schot (het)	**πυροβολισμός** (αρ.)	[pirovolizmós]
een schot lossen	**πυροβολώ**	[pirovolʲó]
neerschieten (ww)	**σκοτώνω με πυροβόλο όπλο**	[skotóno mepirovólʲo oplʲo]
schieten (ww)	**πυροβολώ**	[pirovolʲó]
schieten (het)	**πυροβολισμός** (αρ.)	[pirovolizmós]
ongeluk (gevecht, enz.)	**επεισόδιο** (ουδ.)	[episóðio]
gevecht (het)	**καυγάς** (αρ.)	[kavɣás]
slachtoffer (het)	**θύμα** (ουδ.)	[θíma]
beschadigen (ww)	**καταστρέφω**	[katastréfo]
schade (de)	**ζημιά** (θηλ.)	[zimiá]
lijk (het)	**πτώμα** (ουδ.)	[ptóma]
zwaar (~ misdrijf)	**σοβαρός**	[sovarós]

aanvallen (ww)	**επιτίθεμαι**	[epitíθeme]
slaan (iemand ~)	**χτυπάω**	[xtipáo]
in elkaar slaan (toetakelen)	**δέρνω**	[ðérno]
ontnemen (beroven)	**κλέβω**	[klévo]
steken (met een mes)	**μαχαιρώνω**	[maxeróno]
verminken (ww)	**παραμορφώνω**	[paramorfóno]
verwonden (ww)	**τραυματίζω**	[travmatízo]
chantage (de)	**εκβιασμός** (αρ.)	[ekviazmós]
chanteren (ww)	**εκβιάζω**	[ekviázo]
chanteur (de)	**εκβιαστής** (αρ.)	[ekviastís]
afpersing (de)	**προστασία έναντι χρημάτων** (θηλ.)	[prostasía énandi xrimáton]
afperser (de)	**απατεώνας** (αρ.)	[apateónas]
gangster (de)	**γκάνγκστερ** (αρ.)	[gángster]
maffia (de)	**μαφία** (θηλ.)	[mafía]
kruimeldief (de)	**πορτοφολάς** (αρ.)	[portofolʲás]
inbreker (de)	**διαρρήκτης** (αρ.)	[ðiaríktis]
smokkelen (het)	**λαθρεμπόριο** (ουδ.)	[lʲaθrembório]
smokkelaar (de)	**λαθρέμπορος** (αρ.)	[lʲaθrémboros]
namaak (de)	**πλαστογραφία** (θηλ.)	[plʲastoɣrafía]
namaken (ww)	**πλαστογραφώ**	[plʲastoɣrafó]
namaak-, vals (bn)	**πλαστός**	[plʲastós]

119. De wet overtreden. Criminelen. Deel 2

verkrachting (de)	**βιασμός** (αρ.)	[viazmós]
verkrachten (ww)	**βιάζω**	[viázo]
verkrachter (de)	**βιαστής** (αρ.)	[viastís]
maniak (de)	**μανιακός** (αρ.)	[maniakós]
prostituee (de)	**πόρνη** (θηλ.)	[pórni]
prostitutie (de)	**πορνεία** (θηλ.)	[pornía]
pooier (de)	**νταβατζής** (αρ.)	[davadzís]
drugsverslaafde (de)	**ναρκομανής** (αρ.)	[narkomanís]
drugshandelaar (de)	**έμπορος ναρκωτικών** (αρ.)	[émboros narkotikón]
opblazen (ww)	**ανατινάζω**	[anatinázo]
explosie (de)	**έκρηξη** (θηλ.)	[ékriksi]
in brand steken (ww)	**πυρπολώ**	[pirpolʲó]
brandstichter (de)	**εμπρηστής** (αρ.)	[embristís]
terrorisme (het)	**τρομοκρατία** (θηλ.)	[tromokratía]
terrorist (de)	**τρομοκράτης** (αρ.)	[tromokrátis]
gijzelaar (de)	**όμηρος** (αρ.)	[ómiros]
bedriegen (ww)	**εξαπατώ**	[eksapató]
bedrog (het)	**εξαπάτηση** (θηλ.)	[eksapátisi]
oplichter (de)	**απατεώνας** (αρ.)	[apateónas]
omkopen (ww)	**δωροδοκώ**	[ðoroðokó]

omkoperij (de)	**δωροδοκία** (θηλ.)	[ðoroðokía]
smeergeld (het)	**δωροδοκία** (θηλ.)	[ðoroðokía]
vergif (het)	**δηλητήριο** (ουδ.)	[ðilitírio]
vergiftigen (ww)	**δηλητηριάζω**	[ðilitiriázo]
vergif innemen (ww)	**δηλητηριάζομαι**	[ðilitiriázome]
zelfmoord (de)	**αυτοκτονία** (θηλ.)	[aftoktonía]
zelfmoordenaar (de)	**αυτόχειρας** (αρ.)	[aftóxiras]
bedreigen (bijv. met een pistool)	**απειλώ**	[apilʲó]
bedreiging (de)	**απειλή** (θηλ.)	[apilí]
een aanslag plegen	**αποπειρώμαι**	[apopiróme]
aanslag (de)	**απόπειρα δολοφονίας** (θηλ.)	[apópira ðolʲofonías]
stelen (een auto)	**κλέβω**	[klévo]
kapen (een vliegtuig)	**κάνω αεροπειρατεία**	[káno aeropiratía]
wraak (de)	**εκδίκηση** (θηλ.)	[ekðíkisi]
wreken (ww)	**εκδικούμαι**	[ekðikúme]
martelen (gevangenen)	**βασανίζω**	[vasanízo]
foltering (de)	**βασανιστήριο** (ουδ.)	[vasanistírio]
folteren (ww)	**βασανίζω**	[vasanízo]
piraat (de)	**πειρατής** (αρ.)	[piratís]
straatschender (de)	**χούλιγκαν** (αρ.)	[xúligan]
gewapend (bn)	**οπλισμένος**	[oplizménos]
geweld (het)	**βία, βιαιότητα** (θηλ.)	[vía], [vieótita]
spionage (de)	**κατασκοπεία** (θηλ.)	[kataskopía]
spioneren (ww)	**κατασκοπεύω**	[kataskopévo]

120. Politie. Wet. Deel 1

justitie (de)	**δικαιοσύνη** (θηλ.)	[ðikeosíni]
gerechtshof (het)	**δικαστήριο** (ουδ.)	[ðikastírio]
rechter (de)	**δικαστής** (αρ.)	[ðikastís]
jury (de)	**ένορκοι** (αρ.πλ.)	[énorki]
juryrechtspraak (de)	**ορκωτό δικαστήριο** (ουδ.)	[orkotó ðikastírio]
berechten (ww)	**δικάζω**	[ðikázo]
advocaat (de)	**δικηγόρος** (αρ.)	[ðikiɣóros]
beklaagde (de)	**κατηγορούμενος** (αρ.)	[katiɣorúmenos]
beklaagdenbank (de)	**εδώλιο** (ουδ.)	[eðólio]
beschuldiging (de)	**κατηγορία** (θηλ.)	[katiɣoría]
beschuldigde (de)	**κατηγορούμενος** (αρ.)	[katiɣorúmenos]
vonnis (het)	**απόφαση** (θηλ.)	[apófasi]
veroordelen (in een rechtszaak)	**καταδικάζω**	[kataðikázo]

schuldige (de)	**ένοχος** (αρ.)	[énoxos]
straffen (ww)	**τιμωρώ**	[timoró]
bestraffing (de)	**τιμωρία** (θηλ.)	[timoría]
boete (de)	**πρόστιμο** (ουδ.)	[próstimo]
levenslange opsluiting (de)	**ισόβια** (ουδ.πλ.)	[isóvia]
doodstraf (de)	**θανατική ποινή** (θηλ.)	[θanatikí piní]
elektrische stoel (de)	**ηλεκτρική καρέκλα** (θηλ.)	[ilektrikí karéklʲa]
schavot (het)	**αγχόνη** (θηλ.)	[anxóni]
executeren (ww)	**εκτελώ**	[ektelʲó]
executie (de)	**εκτέλεση** (θηλ.)	[ektélesi]
gevangenis (de)	**φυλακή** (θηλ.)	[filʲakí]
cel (de)	**κελί** (ουδ.)	[kelí]
konvooi (het)	**συνοδεία** (θηλ.)	[sinoðía]
gevangenisbewaker (de)	**δεσμοφύλακας** (αρ.)	[ðezmofílʲakas]
gedetineerde (de)	**φυλακισμένος** (αρ.)	[filʲakizménos]
handboeien (mv.)	**χειροπέδες** (θηλ.πλ.)	[xiropéðes]
handboeien omdoen	**περνάω χειροπέδες**	[pernáo xiropéðes]
ontsnapping (de)	**απόδραση** (θηλ.)	[apóðrasi]
ontsnappen (ww)	**δραπετεύω**	[ðrapetévo]
verdwijnen (ww)	**εξαφανίζομαι**	[eksafanízome]
vrijlaten (uit de gevangenis)	**απελευθερώνω**	[apelefθeróno]
amnestie (de)	**αμνηστία** (θηλ.)	[amnistía]
politie (de)	**αστυνομία** (θηλ.)	[astinomía]
politieagent (de)	**αστυνομικός** (αρ.)	[astinomikós]
politiebureau (het)	**αστυνομικό τμήμα** (ουδ.)	[astinomikó tmíma]
knuppel (de)	**ρόπαλο** (ουδ.)	[rópalʲo]
megafoon (de)	**μεγάφωνο** (ουδ.)	[meɣáfono]
patrouilleerwagen (de)	**περιπολικό** (ουδ.)	[peripolikó]
sirene (de)	**σειρήνα** (θηλ.)	[sirína]
de sirene aansteken	**ανοίγω τη σειρήνα**	[aníɣo ti sirína]
geloei (het) van de sirene	**βοή της σειρήνας** (θηλ.)	[voí tis sirínas]
plaats delict (de)	**τόπος εγκλήματος** (αρ.)	[tópos englímatos]
getuige (de)	**μάρτυρας** (αρ.)	[mártiras]
vrijheid (de)	**ελευθερία** (θηλ.)	[elefθería]
handlanger (de)	**συνεργός** (αρ.)	[sinerɣós]
ontvluchten (ww)	**δραπετεύω**	[ðrapetévo]
spoor (het)	**ίχνος** (ουδ.)	[íxnos]

121. Politie. Wet. Deel 2

opsporing (de)	**έρευνα** (θηλ.)	[érevna]
opsporen (ww)	**αναζητώ**	[anazitó]
verdenking (de)	**υποψία** (θηλ.)	[ipopsía]
verdacht (bn)	**ύποπτος**	[ípoptos]
aanhouden (stoppen)	**σταματώ**	[stamató]

tegenhouden (ww)	προφυλακίζω	[profilʲakízo]
strafzaak (de)	υπόθεση (θηλ.)	[ipóθesi]
onderzoek (het)	έρευνα (θηλ.)	[érevna]
detective (de)	ντετέκτιβ (αρ.)	[detéktiv]
onderzoeksrechter (de)	αστυνομικός ερευνητής (αρ.)	[astinomikós erevnitís]
versie (de)	εκδοχή (θηλ.)	[ekðoxí]

motief (het)	κίνητρο (ουδ.)	[kínitro]
verhoor (het)	ανάκριση (θηλ.)	[anákrisi]
ondervragen (door de politie)	ανακρίνω	[anakríno]
ondervragen (omstanders ~)	ανακρίνω	[anakríno]
controle (de)	έλεγχος (αρ.)	[élenxos]

razzia (de)	έφοδος (θηλ.)	[éfoðos]
huiszoeking (de)	έρευνα (θηλ.)	[érevna]
achtervolging (de)	καταδίωξη (θηλ.)	[kataðíoksi]
achtervolgen (ww)	καταδιώκω	[kataðióko]
opsporen (ww)	κυνηγώ	[kiniɣó]

arrest (het)	σύλληψη (θηλ.)	[sílipsi]
arresteren (ww)	συλλαμβάνω	[silʲamváno]
vangen, aanhouden (een dief, enz.)	πιάνω	[piáno]
aanhouding (de)	σύλληψη (θηλ.)	[sílipsi]

document (het)	έγγραφο (ουδ.)	[éngrafo]
bewijs (het)	απόδειξη (θηλ.)	[apóðiksi]
bewijzen (ww)	αποδεικνύω	[apoðiknío]
voetspoor (het)	αποτύπωμα (ουδ.)	[apotípoma]
vingerafdrukken (mv.)	δακτυλικά αποτυπώματα (ουδ.πλ.)	[ðaktiliká apotipómata]
bewijs (het)	απόδειξη (θηλ.)	[apóðiksi]

alibi (het)	άλλοθι (ουδ.)	[álʲoθi]
onschuldig (bn)	αθώος	[aθóos]
onrecht (het)	αδικία (θηλ.)	[aðikía]
onrechtvaardig (bn)	άδικος	[áðikos]

crimineel (bn)	εγκληματικός	[englimatikós]
confisqueren (in beslag nemen)	κατάσχω	[katásxo]
drug (de)	ναρκωτικά (ουδ.πλ.)	[narkotiká]
wapen (het)	όπλο (ουδ.)	[óplʲo]
ontwapenen (ww)	αφοπλίζω	[afoplízo]
bevelen (ww)	διατάζω	[ðiatázo]
verdwijnen (ww)	εξαφανίζομαι	[eksafanízome]

wet (de)	νόμος (αρ.)	[nómos]
wettelijk (bn)	νόμιμος	[nómimos]
onwettelijk (bn)	παράνομος	[paránomos]

verantwoordelijkheid (de)	ευθύνη (θηλ.)	[efθíni]
verantwoordelijk (bn)	υπεύθυνος	[ipéfθinos]

NATUUR

De Aarde. Deel 1

122. De kosmische ruimte

kosmos (de)	**διάστημα** (ουδ.)	[ðiástima]
kosmisch (bn)	**διαστημικός**	[ðiastimikós]
kosmische ruimte (de)	**απώτερο διάστημα** (ουδ.)	[apótero ðiástima]
wereld (de), heelal (het)	**σύμπαν** (ουδ.)	[símban]
sterrenstelsel (het)	**γαλαξίας** (αρ.)	[ɣalʲaksías]
ster (de)	**αστέρας** (αρ.)	[astéras]
sterrenbeeld (het)	**αστερισμός** (αρ.)	[asterizmós]
planeet (de)	**πλανήτης** (αρ.)	[plʲanítis]
satelliet (de)	**δορυφόρος** (αρ.)	[ðorifóros]
meteoriet (de)	**μετεωρίτης** (αρ.)	[meteorítis]
komeet (de)	**κομήτης** (αρ.)	[komítis]
asteroïde (de)	**αστεροειδής** (αρ.)	[asteroiðís]
baan (de)	**τροχιά** (θηλ.)	[troxiá]
draaien (om de zon, enz.)	**περιστρέφομαι**	[peristréfome]
atmosfeer (de)	**ατμόσφαιρα** (θηλ.)	[atmósfera]
Zon (de)	**Ήλιος** (αρ.)	[ílios]
zonnestelsel (het)	**ηλιακό σύστημα** (ουδ.)	[iliakó sístima]
zonsverduistering (de)	**έκλειψη ηλίου** (θηλ.)	[éklipsi ilíu]
Aarde (de)	**Γη** (θηλ.)	[ʝi]
Maan (de)	**Σελήνη** (θηλ.)	[selíni]
Mars (de)	**Άρης** (αρ.)	[áris]
Venus (de)	**Αφροδίτη** (θηλ.)	[afroðíti]
Jupiter (de)	**Δίας** (αρ.)	[ðías]
Saturnus (de)	**Κρόνος** (αρ.)	[krónos]
Mercurius (de)	**Ερμής** (αρ.)	[ermís]
Uranus (de)	**Ουρανός** (αρ.)	[uranós]
Neptunus (de)	**Ποσειδώνας** (αρ.)	[posiðónas]
Pluto (de)	**Πλούτωνας** (αρ.)	[plʲútonas]
Melkweg (de)	**Γαλαξίας** (αρ.)	[ɣalʲaksías]
Grote Beer (de)	**Μεγάλη Άρκτος** (θηλ.)	[meɣáli árktos]
Poolster (de)	**Πολικός Αστέρας** (αρ.)	[polikós astéras]
marsmannetje (het)	**Αρειανός** (αρ.)	[arianós]
buitenaards wezen (het)	**εξωγήινος** (αρ.)	[eksoʝíinos]

Nederlands	Grieks	Uitspraak
bovenaards (het)	εξωγήινος (αρ.)	[eksojíinos]
vliegende schotel (de)	ιπτάμενος δίσκος (αρ.)	[iptámenos ðískos]
ruimtevaartuig (het)	διαστημόπλοιο (ουδ.)	[ðiastimóplio]
ruimtestation (het)	διαστημικός σταθμός (αρ.)	[ðiastimikós staθmós]
start (de)	εκτόξευση (θηλ.)	[ektóksefsi]
motor (de)	κινητήρας (αρ.)	[kinitíras]
straalpijp (de)	ακροφύσιο (ουδ.)	[akrofísio]
brandstof (de)	καύσιμο (ουδ.)	[káfsimo]
cabine (de)	πιλοτήριο (ουδ.)	[pilʲotírio]
antenne (de)	κεραία (θηλ.)	[keréa]
patrijspoort (de)	φινιστρίνι (ουδ.)	[finistríni]
zonnebatterij (de)	ηλιακός συλλέκτης (αρ.)	[iliakós siléktis]
ruimtepak (het)	στολή αστροναύτη (θηλ.)	[stolí astronáfti]
gewichtloosheid (de)	έλλειψη βαρύτητας (θηλ.)	[élipsi varítitas]
zuurstof (de)	οξυγόνο (ουδ.)	[oksiɣóno]
koppeling (de)	πρόσδεση (θηλ.)	[prózðesi]
koppeling maken	προσδένω	[prozðéno]
observatorium (het)	αστεροσκοπείο (ουδ.)	[asteroskopío]
telescoop (de)	τηλεσκόπιο (ουδ.)	[tileskópio]
waarnemen (ww)	παρατηρώ	[paratiró]
exploreren (ww)	ερευνώ	[erevnó]

123. De Aarde

Nederlands	Grieks	Uitspraak
Aarde (de)	Γη (θηλ.)	[ji]
aardbol (de)	υδρόγειος (θηλ.)	[iðrójios]
planeet (de)	πλανήτης (αρ.)	[plʲanítis]
atmosfeer (de)	ατμόσφαιρα (θηλ.)	[atmósfera]
aardrijkskunde (de)	γεωγραφία (θηλ.)	[jeoɣrafía]
natuur (de)	φύση (θηλ.)	[físi]
wereldbol (de)	υδρόγειος (θηλ.)	[iðrójios]
kaart (de)	χάρτης (αρ.)	[xártis]
atlas (de)	άτλας (αρ.)	[átlʲas]
Europa (het)	Ευρώπη (θηλ.)	[evrópi]
Azië (het)	Ασία (θηλ.)	[asía]
Afrika (het)	Αφρική (θηλ.)	[afrikí]
Australië (het)	Αυστραλία (θηλ.)	[afstralía]
Amerika (het)	Αμερική (θηλ.)	[amerikí]
Noord-Amerika (het)	Βόρεια Αμερική (θηλ.)	[vória amerikí]
Zuid-Amerika (het)	Νότια Αμερική (θηλ.)	[nótia amerikí]
Antarctica (het)	Ανταρκτική (θηλ.)	[andarktikí]
Arctis (de)	Αρκτική (θηλ.)	[arktikí]

124. Windrichtingen

noorden (het)	**βορράς** (αρ.)	[vorás]
naar het noorden	**προς το βορρά**	[pros to vorá]
in het noorden	**στο βορρά**	[sto vorá]
noordelijk (bn)	**βόρειος**	[vórios]
zuiden (het)	**νότος** (αρ.)	[nótos]
naar het zuiden	**προς το νότο**	[pros to nóto]
in het zuiden	**στο νότο**	[sto nóto]
zuidelijk (bn)	**νότιος**	[nótios]
westen (het)	**δύση** (θηλ.)	[ðísi]
naar het westen	**προς τη δύση**	[pros ti ðísi]
in het westen	**στη δύση**	[sti ðísi]
westelijk (bn)	**δυτικός**	[ðitikós]
oosten (het)	**ανατολή** (θηλ.)	[anatolí]
naar het oosten	**προς την ανατολή**	[pros tin anatolí]
in het oosten	**στην ανατολή**	[stin anatolí]
oostelijk (bn)	**ανατολικός**	[anatolikós]

125. Zee. Oceaan

zee (de)	**θάλασσα** (θηλ.)	[θálʲasa]
oceaan (de)	**ωκεανός** (αρ.)	[okeanós]
golf (baai)	**κόλπος** (αρ.)	[kólʲpos]
straat (de)	**πορθμός** (αρ.)	[porθmós]
continent (het)	**ήπειρος** (θηλ.)	[íperos]
eiland (het)	**νησί** (ουδ.)	[nisí]
schiereiland (het)	**χερσόνησος** (θηλ.)	[xersónisos]
archipel (de)	**αρχιπέλαγος** (ουδ.)	[arxipélʲaɣos]
baai, bocht (de)	**κόλπος** (αρ.)	[kólʲpos]
haven (de)	**λιμάνι** (ουδ.)	[limáni]
lagune (de)	**λιμνοθάλασσα** (θηλ.)	[limnoθálʲasa]
kaap (de)	**ακρωτήρι** (ουδ.)	[akrotíri]
atol (de)	**ατόλη** (θηλ.)	[atóli]
rif (het)	**ύφαλος** (αρ.)	[ífalʲos]
koraal (het)	**κοράλλι** (ουδ.)	[koráli]
koraalrif (het)	**κοραλλιογενής ύφαλος** (αρ.)	[koralioɟenís ifalʲos]
diep (bn)	**βαθύς**	[vaθís]
diepte (de)	**βάθος** (ουδ.)	[váθos]
diepzee (de)	**άβυσσος** (θηλ.)	[ávisos]
trog (bijv. Marianentrog)	**τάφρος** (θηλ.)	[táfros]
stroming (de)	**ρεύμα** (ουδ.)	[révma]
omspoelen (ww)	**περιβρέχω**	[perivréxo]
oever (de)	**παραλία** (θηλ.)	[paralía]
kust (de)	**ακτή** (θηλ.)	[aktí]

vloed (de)	**πλημμυρίδα** (θηλ.)	[plimiríða]
eb (de)	**παλίρροια** (θηλ.)	[palíria]
ondiepte (ondiep water)	**ρηχά** (ουδ.πλ.)	[rixá]
bodem (de)	**πάτος** (αρ.)	[pátos]
golf (hoge ~)	**κύμα** (ουδ.)	[kíma]
golfkam (de)	**κορυφή** (θηλ.)	[korifí]
schuim (het)	**αφρός** (αρ.)	[afrós]
orkaan (de)	**τυφώνας** (αρ.)	[tifónas]
tsunami (de)	**τσουνάμι** (ουδ.)	[tsunámi]
windstilte (de)	**νηνεμία** (θηλ.)	[ninemía]
kalm (bijv. ~e zee)	**ήσυχος**	[ísixos]
pool (de)	**πόλος** (αρ.)	[pólʲos]
polair (bn)	**πολικός**	[polikós]
breedtegraad (de)	**γεωγραφικό πλάτος** (ουδ.)	[ʝeoɣrafikó plʲátos]
lengtegraad (de)	**μήκος** (ουδ.)	[míkos]
parallel (de)	**παράλληλος** (αρ.)	[parálilʲos]
evenaar (de)	**ισημερινός** (αρ.)	[isimerinós]
hemel (de)	**ουρανός** (αρ.)	[uranós]
horizon (de)	**ορίζοντας** (αρ.)	[orízondas]
lucht (de)	**αέρας** (αρ.)	[aéras]
vuurtoren (de)	**φάρος** (αρ.)	[fáros]
duiken (ww)	**βουτάω**	[vutáo]
zinken (ov. een boot)	**βυθίζομαι**	[viθízome]
schatten (mv.)	**θησαυροί** (αρ.πλ.)	[θisavrí]

126. Namen van zeeën en oceanen

Atlantische Oceaan (de)	**Ατλαντικός Ωκεανός** (αρ.)	[atlʲandikós okeanós]
Indische Oceaan (de)	**Ινδικός Ωκεανός** (αρ.)	[inðikós okeanós]
Stille Oceaan (de)	**Ειρηνικός Ωκεανός** (αρ.)	[irinikós okeanós]
Noordelijke IJszee (de)	**Αρκτικός Ωκεανός** (αρ.)	[arktikós okeanós]
Zwarte Zee (de)	**Μαύρη Θάλασσα** (θηλ.)	[mávri θálʲasa]
Rode Zee (de)	**Ερυθρά Θάλασσα** (θηλ.)	[eriθrá θálʲasa]
Gele Zee (de)	**Κίτρινη Θάλασσα** (θηλ.)	[kítrini θálʲasa]
Witte Zee (de)	**Λευκή Θάλασσα** (θηλ.)	[lefkí θálʲasa]
Kaspische Zee (de)	**Κασπία Θάλασσα** (θηλ.)	[kaspía θálʲasa]
Dode Zee (de)	**Νεκρά Θάλασσα** (θηλ.)	[nekrá θalʲasa]
Middellandse Zee (de)	**Μεσόγειος Θάλασσα** (θηλ.)	[mesóʝios θálʲasa]
Egeïsche Zee (de)	**Αιγαίο** (ουδ.)	[eʝéo]
Adriatische Zee (de)	**Αδριατική** (θηλ.)	[aðriatikí]
Arabische Zee (de)	**Αραβική Θάλασσα** (θηλ.)	[aravikí θálʲasa]
Japanse Zee (de)	**Ιαπωνική Θάλασσα** (θηλ.)	[japonikí θálʲasa]
Beringzee (de)	**Βερίγγειος Θάλασσα** (θηλ.)	[veríngios θálʲasa]
Zuid-Chinese Zee (de)	**Νότια Κινέζικη Θάλασσα** (θηλ.)	[nótia kinéziki θálʲasa]

Koraalzee (de)	**Θάλασσα των Κοραλλίων** (θηλ.)	[θálʲasa tonkoralíon]
Tasmanzee (de)	**Θάλασσα της Τασμανίας** (θηλ.)	[θálʲasa tis tazmanías]
Caribische Zee (de)	**Καραϊβική θάλασσα** (θηλ.)	[karaivikí θálʲasa]
Barentszzee (de)	**Θάλασσα Μπάρεντς** (θηλ.)	[θalʲasa bárents]
Karische Zee (de)	**Θάλασσα του Κάρα** (θηλ.)	[θalʲasa tu kára]
Noordzee (de)	**Βόρεια Θάλασσα** (θηλ.)	[vória θálʲasa]
Baltische Zee (de)	**Βαλτική Θάλασσα** (θηλ.)	[valʲtikí θálʲasa]
Noorse Zee (de)	**Νορβηγική Θάλασσα** (θηλ.)	[norviʝikí θálʲasa]

127. Bergen

berg (de)	**βουνό** (ουδ.)	[vunó]
bergketen (de)	**οροσειρά** (θηλ.)	[orosirá]
gebergte (het)	**κορυφογραμμή** (θηλ.)	[korifoɣramí]
bergtop (de)	**κορυφή** (θηλ.)	[korifí]
bergpiek (de)	**κορυφή** (θηλ.)	[korifí]
voet (ov. de berg)	**πρόποδες** (αρ.πλ.)	[própoðes]
helling (de)	**πλαγιά** (θηλ.)	[plʲaʝá]
vulkaan (de)	**ηφαίστειο** (ουδ.)	[iféstio]
actieve vulkaan (de)	**ενεργό ηφαίστειο** (ουδ.)	[enerɣó ifféstio]
uitgedoofde vulkaan (de)	**σβησμένο ηφαίστειο** (ουδ.)	[svizméno ifféstio]
uitbarsting (de)	**έκρηξη** (θηλ.)	[ékriksi]
krater (de)	**κρατήρας** (αρ.)	[kratíras]
magma (het)	**μάγμα** (ουδ.)	[máɣma]
lava (de)	**λάβα** (θηλ.)	[lʲáva]
gloeiend (~e lava)	**πυρακτωμένος**	[piraktoménos]
kloof (canyon)	**φαράγγι** (ουδ.)	[farángi]
bergkloof (de)	**φαράγγι** (ουδ.)	[farángi]
spleet (de)	**ρωγμή** (θηλ.)	[roɣmí]
bergpas (de)	**διάσελο** (ουδ.)	[ðiáselʲo]
plateau (het)	**οροπέδιο** (ουδ.)	[oropéðio]
klip (de)	**γκρεμός** (αρ.)	[gremós]
heuvel (de)	**λόφος** (αρ.)	[lʲófos]
gletsjer (de)	**παγετώνας** (αρ.)	[paʝetónas]
waterval (de)	**καταρράκτης** (αρ.)	[kataráktis]
geiser (de)	**θερμοπίδακας** (αρ.)	[θermopíðakas]
meer (het)	**λίμνη** (θηλ.)	[límni]
vlakte (de)	**πεδιάδα** (θηλ.)	[peðiáða]
landschap (het)	**τοπίο** (ουδ.)	[topío]
echo (de)	**ηχώ** (θηλ.)	[ixó]
alpinist (de)	**ορειβάτης** (αρ.)	[orivátis]
bergbeklimmer (de)	**ορειβάτης** (αρ.)	[orivátis]

trotseren (berg ~)	**κατακτώ**	[kataktó]
beklimming (de)	**ανάβαση** (θηλ.)	[anávasi]

128. Bergen namen

Alpen (de)	**Άλπεις** (θηλ.πλ.)	[ál'pis]
Mont Blanc (de)	**Λευκό Όρος** (ουδ.)	[lefkó oros]
Pyreneeën (de)	**Πυρηναία** (ουδ.πλ.)	[pirinéa]
Karpaten (de)	**Καρπάθια Όρη** (ουδ.πλ.)	[karpáθxa óri]
Oeralgebergte (het)	**Ουράλια** (ουδ.πλ.)	[urália]
Kaukasus (de)	**Καύκασος** (αρ.)	[káfkasos]
Elbroes (de)	**Ελμπρούς** (ουδ.)	[el'brús]
Altaj (de)	**όρη Αλτάι** (ουδ.πλ.)	[óri al'táj]
Pamir (de)	**Παμίρ** (ουδ.)	[pamír]
Himalaya (de)	**Ιμαλάια** (ουδ.πλ.)	[imal'ája]
Everest (de)	**Έβερεστ** (ουδ.)	[éverest]
Andes (de)	**Άνδεις** (θηλ.πλ.)	[ánðis]
Kilimanjaro (de)	**Κιλιμαντζάρο** (ουδ.)	[kilimandzáro]

129. Rivieren

rivier (de)	**ποταμός** (αρ.)	[potamós]
bron (~ van een rivier)	**πηγή** (θηλ.)	[pijí]
rivierbedding (de)	**κοίτη** (θηλ.)	[kíti]
rivierbekken (het)	**λεκάνη** (θηλ.)	[lekáni]
uitmonden in ...	**εκβάλλω στο ...**	[ekvál'o sto]
zijrivier (de)	**παραπόταμος** (αρ.)	[parapótamos]
oever (de)	**ακτή** (θηλ.)	[aktí]
stroming (de)	**ρεύμα** (ουδ.)	[révma]
stroomafwaarts (bw)	**στη φορά του ρεύματος**	[sti forá tu révmatos]
stroomopwaarts (bw)	**κόντρα στο ρεύμα**	[kóndra sto révma]
overstroming (de)	**πλημμύρα** (θηλ.)	[plimíra]
overstroming (de)	**ξεχείλισμα** (ουδ.)	[ksexílizma]
buiten zijn oevers treden	**πλημμυρίζω**	[plimirízo]
overstromen (ww)	**πλημμυρίζω**	[plimirízo]
zandbank (de)	**ρηχά** (ουδ.πλ.)	[rixá]
stroomversnelling (de)	**ορμητικό ρεύμα** (ουδ.)	[ormitikó révma]
dam (de)	**φράγμα** (ουδ.)	[fráɣma]
kanaal (het)	**κανάλι** (ουδ.)	[kanáli]
spaarbekken (het)	**ταμιευτήρας** (αρ.)	[tamieftíras]
sluis (de)	**θυρόφραγμα** (ουδ.)	[θirófraɣma]
waterlichaam (het)	**νερόλακκος** (αρ.)	[neról'akos]
moeras (het)	**έλος** (ουδ.)	[él'os]

broek (het)	**βάλτος** (αρ.)	[válʲtos]
draaikolk (de)	**δίνη** (θηλ.)	[ðíni]
stroom (de)	**ρυάκι** (ουδ.)	[riáki]
drink- (abn)	**πόσιμο**	[pósimo]
zoet (~ water)	**γλυκό**	[ɣlikó]
ijs (het)	**πάγος** (αρ.)	[páɣos]
bevriezen (rivier, enz.)	**παγώνω**	[paɣóno]

130. Namen van rivieren

Seine (de)	**Σηκουάνας** (αρ.)	[sikuánas]
Loire (de)	**Λίγηρας** (αρ.)	[líʝiras]
Theems (de)	**Τάμεσης** (αρ.)	[támesis]
Rijn (de)	**Ρήνος** (αρ.)	[rínos]
Donau (de)	**Δούναβης** (αρ.)	[ðúnavis]
Wolga (de)	**Βόλγας** (αρ.)	[vólʲɣas]
Don (de)	**Ντον** (αρ.)	[don]
Lena (de)	**Λένας** (αρ.)	[lénas]
Gele Rivier (de)	**Κίτρινος Ποταμός** (αρ.)	[kítrinos potamós]
Blauwe Rivier (de)	**Γιανγκτσέ** (αρ.)	[ʝangtsé]
Mekong (de)	**Μεκόνγκ** (αρ.)	[mekóng]
Ganges (de)	**Γάγγης** (αρ.)	[ɣángis]
Nijl (de)	**Νείλος** (αρ.)	[nílʲos]
Kongo (de)	**Κονγκό** (αρ.)	[kongó]
Okavango (de)	**Οκαβάνγκο** (αρ.)	[okavángo]
Zambezi (de)	**Ζαμβέζης** (αρ.)	[zamvézis]
Limpopo (de)	**Λιμπόπο** (αρ.)	[limbópo]
Mississippi (de)	**Μισισιπής** (αρ.)	[misisipís]

131. Bos

bos (het)	**δάσος** (ουδ.)	[ðásos]
bos- (abn)	**του δάσους**	[tu ðásus]
oerwoud (dicht bos)	**πυκνό δάσος** (ουδ.)	[piknó ðásos]
bosje (klein bos)	**άλσος** (ουδ.)	[álʲsos]
open plek (de)	**ξέφωτο** (ουδ.)	[kséfoto]
struikgewas (het)	**λόχμη** (θηλ.)	[lʲóxmi]
struiken (mv.)	**θαμνότοπος** (αρ.)	[θamnótopos]
paadje (het)	**μονοπάτι** (ουδ.)	[monopáti]
ravijn (het)	**χαράδρα** (θηλ.)	[xaráðra]
boom (de)	**δέντρο** (ουδ.)	[ðéndro]
blad (het)	**φύλλο** (ουδ.)	[fílʲo]

gebladerte (het)	**φύλλωμα** (ουδ.)	[fílʲoma]
vallende bladeren (mv.)	**φυλλοβολία** (θηλ.)	[filʲovolía]
vallen (ov. de bladeren)	**πέφτω**	[péfto]
boomtop (de)	**κορυφή** (θηλ.)	[korifí]
tak (de)	**κλαδί** (ουδ.)	[klaðí]
ent (de)	**μεγάλο κλαδί** (ουδ.)	[meɣálʲo klʲaðí]
knop (de)	**μπουμπούκι** (ουδ.)	[bubúki]
naald (de)	**βελόνα** (θηλ.)	[velʲóna]
dennenappel (de)	**κουκουνάρι** (ουδ.)	[kukunári]
boom holte (de)	**φωλιά στο δέντρο** (θηλ.)	[foliá sto ðéndro]
nest (het)	**φωλιά** (θηλ.)	[foliá]
hol (het)	**φωλιά** (θηλ.), **λαγούμι** (ουδ.)	[foliá], [lʲaɣúmi]
stam (de)	**κορμός** (αρ.)	[kormós]
wortel (bijv. boom~s)	**ρίζα** (θηλ.)	[ríza]
schors (de)	**φλοιός** (αρ.)	[fliós]
mos (het)	**βρύο** (ουδ.)	[vrío]
ontwortelen (een boom)	**ξεριζώνω**	[kserizóno]
kappen (een boom ~)	**κόβω**	[kóvo]
ontbossen (ww)	**αποψιλώνω**	[apopsilʲóno]
stronk (de)	**κομμένος κορμός** (αρ.)	[koménos kormós]
kampvuur (het)	**φωτιά** (θηλ.)	[fotiá]
bosbrand (de)	**πυρκαγιά** (θηλ.)	[pirkaʝá]
blussen (ww)	**σβήνω**	[zvíno]
boswachter (de)	**δασοφύλακας** (αρ.)	[ðasofílʲakas]
bescherming (de)	**προστασία** (θηλ.)	[prostasía]
beschermen (bijv. de natuur ~)	**προστατεύω**	[prostatévo]
stroper (de)	**λαθροθήρας** (αρ.)	[lʲaθroθíras]
val (de)	**δόκανο** (ουδ.)	[ðókano]
plukken (vruchten, enz.)	**μαζεύω**	[mazévo]
verdwalen (de weg kwijt zijn)	**χάνομαι**	[xánome]

132. Natuurlijke hulpbronnen

natuurlijke rijkdommen (mv.)	**φυσικοί πόροι** (αρ.πλ.)	[fisikí póri]
delfstoffen (mv.)	**ορυκτά** (ουδ.πλ.)	[oriktá]
lagen (mv.)	**κοιτάσματα** (ουδ.πλ.)	[kitázmata]
veld (bijv. olie~)	**κοίτασμα** (ουδ.)	[kítazma]
winnen (uit erts ~)	**εξορύσσω**	[eksoríso]
winning (de)	**εξόρυξη** (θηλ.)	[eksóriksi]
erts (het)	**μετάλλευμα** (ουδ.)	[metálevma]
mijn (bijv. kolenmijn)	**μεταλλείο, ορυχείο** (ουδ.)	[metalío], [orixío]
mijnschacht (de)	**φρεάτιο ορυχείου** (ουδ.)	[freátio orixíu]
mijnwerker (de)	**ανθρακωρύχος** (αρ.)	[anθrakoríxos]
gas (het)	**αέριο** (ουδ.)	[aério]
gasleiding (de)	**αγωγός αερίου** (αρ.)	[aɣoɣós aeríu]

olie (aardolie)	**πετρέλαιο** (ουδ.)	[petréleo]
olieleiding (de)	**πετρελαιαγωγός** (αρ.)	[petreleaɣoɣós]
oliebron (de)	**πετρελαιοπηγή** (θηλ.)	[petreleopiɟí]
boortoren (de)	**πύργος διατρήσεων** (αρ.)	[pírɣos ðiatríseon]
tanker (de)	**τάνκερ** (ουδ.)	[tánker]
zand (het)	**άμμος** (θηλ.)	[ámos]
kalksteen (de)	**ασβεστόλιθος** (αρ.)	[asvestóliθos]
grind (het)	**χαλίκι** (ουδ.)	[xalíki]
veen (het)	**τύρφη** (θηλ.)	[tírfi]
klei (de)	**πηλός** (αρ.)	[pilʲós]
steenkool (de)	**γαιάνθρακας** (αρ.)	[ɣeánθrakas]
ijzer (het)	**σιδηρομετάλλευμα** (ουδ.)	[siðirometálevma]
goud (het)	**χρυσάφι** (ουδ.)	[xrisáfi]
zilver (het)	**ασήμι** (ουδ.)	[asími]
nikkel (het)	**νικέλιο** (ουδ.)	[nikélio]
koper (het)	**χαλκός** (αρ.)	[xalʲkós]
zink (het)	**ψευδάργυρος** (αρ.)	[psevðárɟiros]
mangaan (het)	**μαγγάνιο** (ουδ.)	[mangánio]
kwik (het)	**υδράργυρος** (αρ.)	[iðrárɟiros]
lood (het)	**μόλυβδος** (αρ.)	[mólivðos]
mineraal (het)	**ορυκτό** (ουδ.)	[oriktó]
kristal (het)	**κρύσταλλος** (αρ.)	[krístalʲos]
marmer (het)	**μάρμαρο** (ουδ.)	[mármaro]
uraan (het)	**ουράνιο** (ουδ.)	[uránio]

De Aarde. Deel 2

133. Weer

weer (het)	καιρός (αρ.)	[kerós]
weersvoorspelling (de)	πρόγνωση καιρού (θηλ.)	[próɣnosi kerú]
temperatuur (de)	θερμοκρασία (θηλ.)	[θermokrasía]
thermometer (de)	θερμόμετρο (ουδ.)	[θermómetro]
barometer (de)	βαρόμετρο (ουδ.)	[varómetro]
vochtigheid (de)	υγρασία (θηλ.)	[iɣrasía]
hitte (de)	ζέστη (θηλ.)	[zésti]
heet (bn)	ζεστός, καυτός	[zestós], [kaftós]
het is heet	κάνει ζέστη	[káni zésti]
het is warm	κάνει ζέστη	[káni zésti]
warm (bn)	ζεστός	[zestós]
het is koud	κάνει κρύο	[káni krío]
koud (bn)	κρύος	[kríos]
zon (de)	ήλιος (αρ.)	[ílios]
schijnen (de zon)	λάμπω	[lʲámbo]
zonnig (~e dag)	ηλιόλουστος	[iliólʲustos]
opgaan (ov. de zon)	ανατέλλω	[anatélʲo]
ondergaan (ww)	δύω	[ðío]
wolk (de)	σύννεφο (ουδ.)	[sínefo]
bewolkt (bn)	συννεφιασμένος	[sinefiazménos]
regenwolk (de)	μαύρο σύννεφο (ουδ.)	[mávro sínefo]
somber (bn)	συννεφιασμένος	[sinefiazménos]
regen (de)	βροχή (θηλ.)	[vroxí]
het regent	βρέχει	[vréxi]
regenachtig (bn)	βροχερός	[vroxerós]
motregenen (ww)	ψιχαλίζει	[psixalízi]
plensbui (de)	δυνατή βροχή (θηλ.)	[ðinatí vroxí]
stortbui (de)	νεροποντή (θηλ.)	[neropondí]
hard (bn)	δυνατός	[ðinatós]
plas (de)	λακκούβα (θηλ.)	[lʲakúva]
nat worden (ww)	βρέχομαι	[vréxome]
mist (de)	ομίχλη (θηλ.)	[omíxli]
mistig (bn)	ομιχλώδης	[omixlʲóðis]
sneeuw (de)	χιόνι (ουδ.)	[xóni]
het sneeuwt	χιονίζει	[xonízi]

134. Zwaar weer. Natuurrampen

noodweer (storm)	**καταιγίδα** (θηλ.)	[katejíða]
bliksem (de)	**αστραπή** (θηλ.)	[astrapí]
flitsen (ww)	**αστράπτω**	[astrápto]
donder (de)	**βροντή** (θηλ.)	[vrondí]
donderen (ww)	**βροντάω**	[vrondáo]
het dondert	**βροντάει**	[vrondái]
hagel (de)	**χαλάζι** (ουδ.)	[xalʲázi]
het hagelt	**ρίχνει χαλάζι**	[ríxni xalʲázi]
overstromen (ww)	**πλημμυρίζω**	[plimirízo]
overstroming (de)	**πλημμύρα** (θηλ.)	[plimíra]
aardbeving (de)	**σεισμός** (αρ.)	[sizmós]
aardschok (de)	**δόνηση** (θηλ.)	[ðónisi]
epicentrum (het)	**επίκεντρο** (ουδ.)	[epíkendro]
uitbarsting (de)	**έκρηξη** (θηλ.)	[ékriksi]
lava (de)	**λάβα** (θηλ.)	[lʲáva]
wervelwind (de)	**ανεμοστρόβιλος** (αρ.)	[anemostróvilʲos]
windhoos (de)	**σίφουνας** (αρ.)	[sífunas]
tyfoon (de)	**τυφώνας** (αρ.)	[tifónas]
orkaan (de)	**τυφώνας** (αρ.)	[tifónas]
storm (de)	**καταιγίδα** (θηλ.)	[katejíða]
tsunami (de)	**τσουνάμι** (ουδ.)	[tsunámi]
cycloon (de)	**κυκλώνας** (αρ.)	[kiklʲónas]
onweer (het)	**κακοκαιρία** (θηλ.)	[kakokería]
brand (de)	**φωτιά, πυρκαγιά** (θηλ.)	[fotiá], [pirkajá]
ramp (de)	**καταστροφή** (θηλ.)	[katastrofí]
meteoriet (de)	**μετεωρίτης** (αρ.)	[meteorítis]
lawine (de)	**χιονοστιβάδα** (θηλ.)	[xonostiváða]
sneeuwverschuiving (de)	**χιονοστιβάδα** (θηλ.)	[xonostiváða]
sneeuwjacht (de)	**χιονοθύελλα** (θηλ.)	[xonoθíelʲa]
sneeuwstorm (de)	**χιονοθύελλα** (θηλ.)	[xonoθíelʲa]

Fauna

135. Zoogdieren. Roofdieren

roofdier (het)	**θηρευτής** (ουδ.)	[θireftís]
tijger (de)	**τίγρη** (θηλ.), **τίγρης** (αρ.)	[tíɣri], [tíɣris]
leeuw (de)	**λιοντάρι** (ουδ.)	[liondári]
wolf (de)	**λύκος** (αρ.)	[líkos]
vos (de)	**αλεπού** (θηλ.)	[alepú]
jaguar (de)	**ιαγουάρος** (αρ.)	[jaɣuáros]
luipaard (de)	**λεοπάρδαλη** (θηλ.)	[leopárðali]
jachtluipaard (de)	**γατόπαρδος** (αρ.)	[ɣatóparðos]
panter (de)	**πάνθηρας** (αρ.)	[pánθiras]
poema (de)	**πούμα** (ουδ.)	[púma]
sneeuwluipaard (de)	**λεοπάρδαλη** (θηλ.) **των χιόνων**	[leopárðali ton xiónon]
lynx (de)	**λύγκας** (αρ.)	[língas]
coyote (de)	**κογιότ** (ουδ.)	[kojiót]
jakhals (de)	**τσακάλι** (ουδ.)	[tsakáli]
hyena (de)	**ύαινα** (θηλ.)	[íena]

136. Wilde dieren

dier (het)	**ζώο** (ουδ.)	[zóo]
beest (het)	**θηρίο** (ουδ.)	[θirío]
eekhoorn (de)	**σκίουρος** (αρ.)	[skíuros]
egel (de)	**σκαντζόχοιρος** (αρ.)	[skandzóxiros]
haas (de)	**λαγός** (αρ.)	[ˡaɣós]
konijn (het)	**κουνέλι** (ουδ.)	[kunéli]
das (de)	**ασβός** (αρ.)	[azvós]
wasbeer (de)	**ρακούν** (ουδ.)	[rakún]
hamster (de)	**χάμστερ** (ουδ.)	[xámster]
marmot (de)	**μυωξός** (αρ.)	[mioksós]
mol (de)	**τυφλοπόντικας** (αρ.)	[tifˡopóndikas]
muis (de)	**ποντίκι** (ουδ.)	[pondíki]
rat (de)	**αρουραίος** (αρ.)	[aruréos]
vleermuis (de)	**νυχτερίδα** (θηλ.)	[nixteríða]
hermelijn (de)	**ερμίνα** (θηλ.)	[ermína]
sabeldier (het)	**σαμούρι** (ουδ.)	[samúri]
marter (de)	**κουνάβι** (ουδ.)	[kunávi]
wezel (de)	**νυφίτσα** (θηλ.)	[nifítsa]

nerts (de)	**βιζόν** (ουδ.)	[vizón]
bever (de)	**κάστορας** (αρ.)	[kástoras]
otter (de)	**ενυδρίδα** (θηλ.)	[eniðríða]
paard (het)	**άλογο** (ουδ.)	[álʲoɣo]
eland (de)	**άλκη** (θηλ.)	[álʲki]
hert (het)	**ελάφι** (ουδ.)	[elʲáfi]
kameel (de)	**καμήλα** (θηλ.)	[kamílʲa]
bizon (de)	**βίσονας** (αρ.)	[vísonas]
wisent (de)	**βόνασος** (αρ.)	[vónasos]
buffel (de)	**βούβαλος** (αρ.)	[vúvalʲos]
zebra (de)	**ζέβρα** (θηλ.)	[zévra]
antilope (de)	**αντιλόπη** (θηλ.)	[andilʲópi]
ree (de)	**ζαρκάδι** (ουδ.)	[zarkáði]
damhert (het)	**ντάμα ντάμα** (ουδ.)	[dáma dáma]
gems (de)	**αγριόγιδο** (ουδ.)	[aɣrióɣiðo]
everzwijn (het)	**αγριογούρουνο** (αρ.)	[aɣrioɣúruno]
walvis (de)	**φάλαινα** (θηλ.)	[fálena]
rob (de)	**φώκια** (θηλ.)	[fókia]
walrus (de)	**θαλάσσιος ίππος** (αρ.)	[θalʲásios ípos]
zeebeer (de)	**γουνοφόρα φώκια** (θηλ.)	[ɣunofóra fóka]
dolfijn (de)	**δελφίνι** (ουδ.)	[ðelʲfíni]
beer (de)	**αρκούδα** (θηλ.)	[arkúða]
ijsbeer (de)	**πολική αρκούδα** (θηλ.)	[polikí arkúða]
panda (de)	**πάντα** (ουδ.)	[pánda]
aap (de)	**μαϊμού** (θηλ.)	[majmú]
chimpansee (de)	**χιμπαντζής** (ουδ.)	[xibadzís]
orang-oetan (de)	**ουραγκοτάγκος** (αρ.)	[urangotángos]
gorilla (de)	**γορίλας** (αρ.)	[ɣorílʲas]
makaak (de)	**μακάκας** (αρ.)	[makákas]
gibbon (de)	**γίββωνας** (αρ.)	[ɟívonas]
olifant (de)	**ελέφαντας** (αρ.)	[eléfandas]
neushoorn (de)	**ρινόκερος** (αρ.)	[rinókeros]
giraffe (de)	**καμηλοπάρδαλη** (θηλ.)	[kamilʲopárðali]
nijlpaard (het)	**ιπποπόταμος** (αρ.)	[ipopótamos]
kangoeroe (de)	**καγκουρό** (ουδ.)	[kanguró]
koala (de)	**κοάλα** (ουδ.)	[koálʲa]
mangoest (de)	**μαγκούστα** (θηλ.)	[mangústa]
chinchilla (de)	**τσιντσιλά** (ουδ.)	[tsintsilʲá]
stinkdier (het)	**μεφίτιδα** (θηλ.)	[mefítiða]
stekelvarken (het)	**ακανθόχοιρος** (αρ.)	[akanθóxiros]

137. Huisdieren

poes (de)	**γάτα** (θηλ.)	[ɣáta]
kater (de)	**γάτος** (αρ.)	[ɣátos]

hond (de)	**σκύλος** (αρ.)	[skílʲos]
paard (het)	**άλογο** (ουδ.)	[álʲoɣo]
hengst (de)	**επιβήτορας** (αρ.)	[epivítoras]
merrie (de)	**φοράδα** (θηλ.)	[foráða]
koe (de)	**αγελάδα** (θηλ.)	[aʝelʲáða]
bul, stier (de)	**ταύρος** (αρ.)	[távros]
os (de)	**βόδι** (ουδ.)	[vóði]
schaap (het)	**πρόβατο** (ουδ.)	[próvato]
ram (de)	**κριάρι** (ουδ.)	[kriári]
geit (de)	**κατσίκα, γίδα** (θηλ.)	[katsíka], [ʝíða]
bok (de)	**τράγος** (αρ.)	[tráɣos]
ezel (de)	**γάιδαρος** (αρ.)	[ɣáiðaros]
muilezel (de)	**μουλάρι** (ουδ.)	[mulʲári]
varken (het)	**γουρούνι** (ουδ.)	[ɣurúni]
biggetje (het)	**γουρουνάκι** (ουδ.)	[ɣurunáki]
konijn (het)	**κουνέλι** (ουδ.)	[kunéli]
kip (de)	**κότα** (θηλ.)	[kóta]
haan (de)	**πετεινός, κόκορας** (αρ.)	[petinós], [kókoras]
eend (de)	**πάπια** (θηλ.)	[pápia]
woerd (de)	**αρσενική πάπια** (θηλ.)	[arsenikí pápia]
gans (de)	**χήνα** (θηλ.)	[xína]
kalkoen haan (de)	**γάλος** (αρ.)	[ɣálʲos]
kalkoen (de)	**γαλοπούλα** (θηλ.)	[ɣalʲopúlʲa]
huisdieren (mv.)	**κατοικίδια** (ουδ.πλ.)	[katikíðia]
tam (bijv. hamster)	**κατοικίδιος**	[katikíðios]
temmen (tam maken)	**δαμάζω**	[ðamázo]
fokken (bijv. paarden ~)	**εκτρέφω**	[ektréfo]
boerderij (de)	**αγρόκτημα** (ουδ.)	[aɣróktima]
gevogelte (het)	**πουλερικό** (ουδ.)	[pulerikó]
rundvee (het)	**βοοειδή** (ουδ.πλ.)	[vooiðí]
kudde (de)	**κοπάδι** (ουδ.)	[kopáði]
paardenstal (de)	**στάβλος** (αρ.)	[stávlʲos]
zwijnenstal (de)	**χοιροστάσιο** (ουδ.)	[xirostásio]
koeienstal (de)	**βουστάσιο** (ουδ.)	[vustásio]
konijnenhok (het)	**κλουβί κουνελιού** (ουδ.)	[klʲuví kuneliú]
kippenhok (het)	**κοτέτσι** (ουδ.)	[kotétsi]

138. Vogels

vogel (de)	**πουλί** (ουδ.)	[pulí]
duif (de)	**περιστέρι** (ουδ.)	[peristéri]
mus (de)	**σπουργίτι** (ουδ.)	[spurʝíti]
koolmees (de)	**καλόγερος** (αρ.)	[kalʲóʝeros]
ekster (de)	**καρακάξα** (θηλ.)	[karakáksa]

raaf (de)	**κόρακας** (αρ.)	[kórakas]
kraai (de)	**κουρούνα** (θηλ.)	[kurúna]
kauw (de)	**κάργα** (θηλ.)	[kárɣa]
roek (de)	**χαβαρόνι** (ουδ.)	[xavaróni]
eend (de)	**πάπια** (θηλ.)	[pápia]
gans (de)	**χήνα** (θηλ.)	[xína]
fazant (de)	**φασιανός** (αρ.)	[fasianós]
arend (de)	**αετός** (αρ.)	[aetós]
havik (de)	**γεράκι** (ουδ.)	[ʝeráki]
valk (de)	**γεράκι** (ουδ.)	[ʝeráki]
gier (de)	**γύπας** (αρ.)	[ʝípas]
condor (de)	**κόνδορας** (αρ.)	[kónðoras]
zwaan (de)	**κύκνος** (αρ.)	[kíknos]
kraanvogel (de)	**γερανός** (αρ.)	[ʝeranós]
ooievaar (de)	**πελαργός** (αρ.)	[pelʲarɣós]
papegaai (de)	**παπαγάλος** (αρ.)	[papaɣálʲos]
kolibrie (de)	**κολιμπρί** (ουδ.)	[kolibrí]
pauw (de)	**παγόνι** (ουδ.)	[paɣóni]
struisvogel (de)	**στρουθοκάμηλος** (αρ.)	[struθokámilʲos]
reiger (de)	**τσικνιάς** (αρ.)	[tsikniás]
flamingo (de)	**φλαμίγκο** (ουδ.)	[flʲamíngo]
pelikaan (de)	**πελεκάνος** (αρ.)	[pelekános]
nachtegaal (de)	**αηδόνι** (ουδ.)	[aiðóni]
zwaluw (de)	**χελιδόνι** (ουδ.)	[xeliðóni]
lijster (de)	**τσίχλα** (θηλ.)	[tsíxlʲa]
zanglijster (de)	**κελαηδότσιχλα** (θηλ.)	[kelaiðótsixlʲa]
merel (de)	**κοτσύφι** (ουδ.)	[kotsífi]
gierzwaluw (de)	**σταχτάρα** (θηλ.)	[staxtára]
leeuwerik (de)	**κορυδαλλός** (αρ.)	[koriðalʲós]
kwartel (de)	**ορτύκι** (ουδ.)	[ortíki]
specht (de)	**δρυοκολάπτης** (αρ.)	[ðriokolʲáptis]
koekoek (de)	**κούκος** (αρ.)	[kúkos]
uil (de)	**κουκουβάγια** (θηλ.)	[kukuvája]
oehoe (de)	**μπούφος** (αρ.)	[búfos]
auerhoen (het)	**αγριόκουρκος** (αρ.)	[aɣriókurkos]
korhoen (het)	**λυροπετεινός** (αρ.)	[liropetinós]
patrijs (de)	**πέρδικα** (θηλ.)	[pérðika]
spreeuw (de)	**ψαρόνι** (ουδ.)	[psaróni]
kanarie (de)	**καναρίνι** (ουδ.)	[kanaríni]
hazelhoen (het)	**αγριόκοτα** (θηλ.)	[aɣriókota]
vink (de)	**σπίνος** (αρ.)	[spínos]
goudvink (de)	**πύρρουλα** (αρ.)	[pírulʲa]
meeuw (de)	**γλάρος** (αρ.)	[ɣlʲáros]
albatros (de)	**άλμπατρος** (ουδ.)	[álʲbatros]
pinguïn (de)	**πιγκουίνος** (αρ.)	[pinguínos]

139. Vis. Zeedieren

brasem (de)	**αβραμίδα** (θηλ.)	[avramíða]
karper (de)	**κυπρίνος** (αρ.)	[kiprínos]
baars (de)	**πέρκα** (θηλ.)	[pérka]
meerval (de)	**γουλιανός** (αρ.)	[ɣulianós]
snoek (de)	**λούτσος** (αρ.)	[lʲútsos]
zalm (de)	**σολομός** (αρ.)	[solʲomós]
steur (de)	**οξύρυγχος** (αρ.)	[oksírinxos]
haring (de)	**ρέγγα** (θηλ.)	[rénga]
atlantische zalm (de)	**σολομός του Ατλαντικού** (αρ.)	[solʲomós tu atlʲandikú]
makreel (de)	**σκουμπρί** (ουδ.)	[skumbrí]
platvis (de)	**πλατύψαρο** (ουδ.)	[plʲatípsaro]
snoekbaars (de)	**ποταμολάβρακο** (ουδ.)	[potamolʲávrako]
kabeljauw (de)	**μπακαλιάρος** (αρ.)	[bakaliáros]
tonijn (de)	**τόνος** (αρ.)	[tónos]
forel (de)	**πέστροφα** (θηλ.)	[péstrofa]
paling (de)	**χέλι** (ουδ.)	[xéli]
sidderrog (de)	**μουδιάστρα** (θηλ.)	[muðiástra]
murene (de)	**σμέρνα** (θηλ.)	[zmérna]
piranha (de)	**πιράνχας** (ουδ.)	[piránxas]
haai (de)	**καρχαρίας** (αρ.)	[karxarías]
dolfijn (de)	**δελφίνι** (ουδ.)	[ðelʲfíni]
walvis (de)	**φάλαινα** (θηλ.)	[fálena]
krab (de)	**καβούρι** (ουδ.)	[kavúri]
kwal (de)	**μέδουσα** (θηλ.)	[méðusa]
octopus (de)	**χταπόδι** (ουδ.)	[xtapóði]
zeester (de)	**αστερίας** (αρ.)	[asterías]
zee-egel (de)	**αχινός** (αρ.)	[axinós]
zeepaardje (het)	**ιππόκαμπος** (αρ.)	[ipókambos]
oester (de)	**στρείδι** (ουδ.)	[stríði]
garnaal (de)	**γαρίδα** (θηλ.)	[ɣaríða]
kreeft (de)	**αστακός** (αρ.)	[astakós]
langoest (de)	**ακανθωτός αστακός** (αρ.)	[akanθotós astakós]

140. Amfibieën. Reptielen

slang (de)	**φίδι** (ουδ.)	[fíði]
giftig (slang)	**δηλητηριώδης**	[ðilitirióðis]
adder (de)	**οχιά** (θηλ.)	[oxiá]
cobra (de)	**κόμπρα** (θηλ.)	[kóbra]
python (de)	**πύθωνας** (αρ.)	[píθonas]
boa (de)	**βόας** (αρ.)	[vóas]

ringslang (de)	**νερόφιδο** (ουδ.)	[nerófiðo]
ratelslang (de)	**κροταλίας** (αρ.)	[krotalías]
anaconda (de)	**ανακόντα** (θηλ.)	[anakónda]
hagedis (de)	**σαύρα** (θηλ.)	[sávra]
leguaan (de)	**ιγκουάνα** (θηλ.)	[iguána]
varaan (de)	**βαράνος** (αρ.)	[varános]
salamander (de)	**σαλαμάντρα** (θηλ.)	[salʲamándra]
kameleon (de)	**χαμαιλέοντας** (αρ.)	[xameléondas]
schorpioen (de)	**σκορπιός** (αρ.)	[skorpiós]
schildpad (de)	**χελώνα** (θηλ.)	[xelʲóna]
kikker (de)	**βάτραχος** (αρ.)	[vátraxos]
pad (de)	**φρύνος** (αρ.)	[frínos]
krokodil (de)	**κροκόδειλος** (αρ.)	[krokóðilʲos]

141. Insecten

insect (het)	**έντομο** (ουδ.)	[éndomo]
vlinder (de)	**πεταλούδα** (θηλ.)	[petalʲúða]
mier (de)	**μυρμήγκι** (ουδ.)	[mirmíngi]
vlieg (de)	**μύγα** (θηλ.)	[míɣa]
mug (de)	**κουνούπι** (ουδ.)	[kunúpi]
kever (de)	**σκαθάρι** (ουδ.)	[skaθári]
wesp (de)	**σφήκα** (θηλ.)	[sfíka]
bij (de)	**μέλισσα** (θηλ.)	[mélisa]
hommel (de)	**βομβίνος** (αρ.)	[vomvínos]
horzel (de)	**οίστρος** (αρ.)	[ístros]
spin (de)	**αράχνη** (θηλ.)	[aráxni]
spinnenweb (het)	**ιστός αράχνης** (αρ.)	[istós aráxnis]
libel (de)	**λιβελούλα** (θηλ.)	[livelʲúlʲa]
sprinkhaan (de)	**ακρίδα** (θηλ.)	[akríða]
nachtvlinder (de)	**νυχτοπεταλούδα** (θηλ.)	[nixtopetalʲúða]
kakkerlak (de)	**κατσαρίδα** (θηλ.)	[katsaríða]
teek (de)	**ακάρι** (ουδ.)	[akári]
vlo (de)	**ψύλλος** (αρ.)	[psílʲos]
kriebelmug (de)	**μυγάκι** (ουδ.)	[miɣáki]
treksprinkhaan (de)	**ακρίδα** (θηλ.)	[akríða]
slak (de)	**σαλιγκάρι** (ουδ.)	[salingári]
krekel (de)	**γρύλος** (αρ.)	[ɣrílʲos]
glimworm (de)	**πυγολαμπίδα** (θηλ.)	[piɣolʲambíða]
lieveheersbeestje (het)	**πασχαλίτσα** (θηλ.)	[pasxalítsa]
meikever (de)	**μηλολόνθη** (θηλ.)	[milʲolʲónθi]
bloedzuiger (de)	**βδέλλα** (θηλ.)	[vðélʲa]
rups (de)	**κάμπια** (θηλ.)	[kámbia]
aardworm (de)	**σκουλήκι** (ουδ.)	[skulíki]
larve (de)	**σκώληκας** (αρ.)	[skólikas]

Flora

142. Bomen

boom (de)	δέντρο (ουδ.)	[ðéndro]
loof- (abn)	φυλλοβόλος	[filʲovólʲos]
dennen- (abn)	κωνοφόρος	[konofóros]
groenblijvend (bn)	αειθαλής	[aiθalís]

appelboom (de)	μηλιά (θηλ.)	[miliá]
perenboom (de)	αχλαδιά (θηλ.)	[axlʲaðiá]
zoete kers (de)	κερασιά (θηλ.)	[kerasiá]
zure kers (de)	βυσσινιά (θηλ.)	[visiniá]
pruimelaar (de)	δαμασκηνιά (θηλ.)	[ðamaskiniá]

berk (de)	σημύδα (θηλ.)	[simíða]
eik (de)	βελανιδιά (θηλ.)	[velʲaniðiá]
linde (de)	φλαμουριά (θηλ.)	[flʲamuriá]
esp (de)	λεύκα (θηλ.)	[léfka]
esdoorn (de)	σφεντάμι (ουδ.)	[sfendámi]
spar (de)	έλατο (ουδ.)	[élʲato]
den (de)	πεύκο (ουδ.)	[péfko]
lariks (de)	λάριξ (θηλ.)	[lʲáriks]
zilverspar (de)	ελάτη (θηλ.)	[elʲáti]
ceder (de)	κέδρος (αρ.)	[kéðros]

populier (de)	λεύκα (θηλ.)	[léfka]
lijsterbes (de)	σουρβιά (θηλ.)	[surviá]
wilg (de)	ιτιά (θηλ.)	[itiá]
els (de)	σκλήθρα (θηλ.)	[sklíθra]
beuk (de)	οξιά (θηλ.)	[oksiá]
iep (de)	φτελιά (θηλ.)	[fteliá]
es (de)	μέλεγος (αρ.)	[méleɣos]
kastanje (de)	καστανιά (θηλ.)	[kastaniá]

magnolia (de)	μανόλια (θηλ.)	[manólia]
palm (de)	φοίνικας (αρ.)	[fínikas]
cipres (de)	κυπαρίσσι (ουδ.)	[kiparísi]

mangrove (de)	μανγκρόβιο (ουδ.)	[mangróvio]
baobab (apenbroodboom)	μπάομπαμπ (ουδ.)	[báobab]
eucalyptus (de)	ευκάλυπτος (αρ.)	[efkáliptos]
mammoetboom (de)	σεκόγια (θηλ.)	[sekója]

143. Heesters

struik (de)	θάμνος (αρ.)	[θámnos]
heester (de)	θάμνος (αρ.)	[θámnos]

wijnstok (de)	**αμπέλι** (ουδ.)	[ambéli]
wijngaard (de)	**αμπέλι** (ουδ.)	[ambéli]
frambozenstruik (de)	**σμεουριά** (θηλ.)	[zmeuriá]
rode bessenstruik (de)	**κόκκινο φραγκοστάφυλο** (ουδ.)	[kókino frangostáfilʲo]
kruisbessenstruik (de)	**λαγοκέρασο** (ουδ.)	[lʲaɣokéraso]
acacia (de)	**ακακία** (θηλ.)	[akakía]
zuurbes (de)	**βερβερίδα** (θηλ.)	[ververíða]
jasmijn (de)	**γιασεμί** (ουδ.)	[jasemí]
jeneverbes (de)	**άρκευθος** (θηλ.)	[árkefθos]
rozenstruik (de)	**τριανταφυλλιά** (θηλ.)	[triandafiliá]
hondsroos (de)	**αγριοτριανταφυλλιά** (θηλ.)	[aɣriotriandafiliá]

144. Vruchten. Bessen

appel (de)	**μήλο** (ουδ.)	[mílʲo]
peer (de)	**αχλάδι** (ουδ.)	[axlʲáði]
pruim (de)	**δαμάσκηνο** (ουδ.)	[ðamáskino]
aardbei (de)	**φράουλα** (θηλ.)	[fráulʲa]
zure kers (de)	**βύσσινο** (ουδ.)	[vísino]
zoete kers (de)	**κεράσι** (ουδ.)	[kerási]
druif (de)	**σταφύλι** (ουδ.)	[stafíli]
framboos (de)	**σμέουρο** (ουδ.)	[zméuro]
zwarte bes (de)	**μαύρο φραγκοστάφυλο** (ουδ.)	[mávro frangostáfilʲo]
rode bes (de)	**κόκκινο φραγκοστάφυλο** (ουδ.)	[kókino frangostáfilʲo]
kruisbes (de)	**λαγοκέρασο** (ουδ.)	[lʲaɣokéraso]
veenbes (de)	**κράνμπερι** (ουδ.)	[kránberi]
sinaasappel (de)	**πορτοκάλι** (ουδ.)	[portokáli]
mandarijn (de)	**μανταρίνι** (ουδ.)	[mandaríni]
ananas (de)	**ανανάς** (αρ.)	[ananás]
banaan (de)	**μπανάνα** (θηλ.)	[banána]
dadel (de)	**χουρμάς** (αρ.)	[xurmás]
citroen (de)	**λεμόνι** (ουδ.)	[lemóni]
abrikoos (de)	**βερίκοκο** (ουδ.)	[veríkoko]
perzik (de)	**ροδάκινο** (ουδ.)	[roðákino]
kiwi (de)	**ακτινίδιο** (ουδ.)	[aktiníðio]
grapefruit (de)	**γκρέιπφρουτ** (ουδ.)	[gréjpfrut]
bes (de)	**μούρο** (ουδ.)	[múro]
bessen (mv.)	**μούρα** (ουδ.πλ.)	[múra]
bosaardbei (de)	**χαμοκέρασο** (ουδ.)	[kxamokéraso]
blauwe bosbes (de)	**μύρτιλλο** (ουδ.)	[mírtilʲo]

145. Bloemen. Planten

bloem (de)	**λουλούδι** (ουδ.)	[lʲulʲúði]
boeket (het)	**ανθοδέσμη** (θηλ.)	[anθoðézmi]
roos (de)	**τριαντάφυλλο** (ουδ.)	[triandáfilʲo]
tulp (de)	**τουλίπα** (θηλ.)	[tulípa]
anjer (de)	**γαρίφαλο** (ουδ.)	[ɣarífalʲo]
gladiool (de)	**γλαδιόλα** (θηλ.)	[ɣlʲaðiólʲa]
korenbloem (de)	**κενταύρια** (θηλ.)	[kentávria]
klokje (het)	**καμπανούλα** (θηλ.)	[kampanúlʲa]
paardenbloem (de)	**ταραξάκο** (ουδ.)	[taraksáko]
kamille (de)	**χαμομήλι** (ουδ.)	[xamomíli]
aloë (de)	**αλόη** (θηλ.)	[alʲói]
cactus (de)	**κάκτος** (αρ.)	[káktos]
ficus (de)	**φίκος** (αρ.)	[fíkos]
lelie (de)	**κρίνος** (αρ.)	[krínos]
geranium (de)	**γεράνι** (ουδ.)	[ʝeráni]
hyacint (de)	**υάκινθος** (αρ.)	[iákinθos]
mimosa (de)	**μιμόζα** (θηλ.)	[mimóza]
narcis (de)	**νάρκισσος** (αρ.)	[nárkisos]
Oost-Indische kers (de)	**καπουτσίνος** (αρ.)	[kaputsínos]
orchidee (de)	**ορχιδέα** (θηλ.)	[orxiðéa]
pioenroos (de)	**παιώνια** (θηλ.)	[peónia]
viooltje (het)	**μενεξές** (αρ.), **βιολέτα** (θηλ.)	[meneksés], [violéta]
driekleurig viooltje (het)	**βιόλα η τρίχρωμη** (θηλ.)	[violʲa i tríxromi]
vergeet-mij-nietje (het)	**μη-με-λησμόνει** (ουδ.)	[mi-me-lizmóni]
madeliefje (het)	**μαργαρίτα** (θηλ.)	[marɣaríta]
papaver (de)	**παπαρούνα** (θηλ.)	[paparúna]
hennep (de)	**κάνναβη** (θηλ.)	[kánavi]
munt (de)	**μέντα** (θηλ.)	[ménda]
lelietje-van-dalen (het)	**μιγκέ** (ουδ.)	[mingé]
sneeuwklokje (het)	**γάλανθος ο χιονώδης** (αρ.)	[ɣálʲanθos oxonóðis]
brandnetel (de)	**τσουκνίδα** (θηλ.)	[tsukníða]
veldzuring (de)	**λάπαθο** (ουδ.)	[lʲápaθo]
waterlelie (de)	**νούφαρο** (ουδ.)	[núfaro]
varen (de)	**φτέρη** (θηλ.)	[ftéri]
korstmos (het)	**λειχήνα** (θηλ.)	[lixína]
oranjerie (de)	**θερμοκήπιο** (ουδ.)	[θermokípio]
gazon (het)	**γκαζόν** (ουδ.)	[gazón]
bloemperk (het)	**παρτέρι** (ουδ.)	[partéri]
plant (de)	**φυτό** (ουδ.)	[fitó]
gras (het)	**χορτάρι** (ουδ.)	[xortári]
grasspriet (de)	**χορταράκι** (ουδ.)	[xortaráki]

blad (het)	φύλλο (ουδ.)	[fílʲo]
bloemblad (het)	πέταλο (ουδ.)	[pétalʲo]
stengel (de)	βλαστός (αρ.)	[vlʲastós]
knol (de)	βολβός (αρ.)	[volʲvós]
scheut (de)	βλαστάρι (ουδ.)	[vlʲastári]
doorn (de)	αγκάθι (ουδ.)	[angáθi]
bloeien (ww)	ανθίζω	[anθízo]
verwelken (ww)	ξεραίνομαι	[kserénome]
geur (de)	μυρωδιά (θηλ.)	[miroðiá]
snijden (bijv. bloemen ~)	κόβω	[kóvo]
plukken (bloemen ~)	μαζεύω	[mazévo]

146. Granen, graankorrels

graan (het)	σιτηρά (ουδ.πλ.)	[sitirá]
graangewassen (mv.)	δημητριακών (ουδ.πλ.)	[ðimitriakón]
aar (de)	στάχυ (ουδ.)	[stáxi]
tarwe (de)	σιτάρι (ουδ.)	[sitári]
rogge (de)	σίκαλη (θηλ.)	[síkali]
haver (de)	βρώμη (θηλ.)	[vrómi]
gierst (de)	κεχρί (ουδ.)	[kexrí]
gerst (de)	κριθάρι (ουδ.)	[kriθári]
maïs (de)	καλαμπόκι (ουδ.)	[kalʲambóki]
rijst (de)	ρύζι (ουδ.)	[rízi]
boekweit (de)	μαυροσίταρο (ουδ.)	[mavrosítaro]
erwt (de)	αρακάς (αρ.), μπιζελιά (θηλ.)	[arakás], [bizeliá]
nierboon (de)	κόκκινο φασόλι (ουδ.)	[kókino fasóli]
soja (de)	σόγια (θηλ.)	[sója]
linze (de)	φακή (θηλ.)	[fakí]
bonen (mv.)	κουκί (ουδ.)	[kukí]

LANDEN. NATIONALITEITEN

147. West-Europa

Europa (het)	**Ευρώπη** (θηλ.)	[evrópi]
Europese Unie (de)	**Ευρωπαϊκή Ένωση** (θηλ.)	[evropaikí énosi]
Oostenrijk (het)	**Αυστρία** (θηλ.)	[afstría]
Groot-Brittannië (het)	**Μεγάλη Βρετανία** (θηλ.)	[meɣáli vretanía]
Engeland (het)	**Αγγλία** (θηλ.)	[anglía]
België (het)	**Βέλγιο** (ουδ.)	[vélʲʝo]
Duitsland (het)	**Γερμανία** (θηλ.)	[ʝermanía]
Nederland (het)	**Κάτω Χώρες** (θηλ.πλ.)	[káto xóres]
Holland (het)	**Ολλανδία** (θηλ.)	[olʲanðía]
Griekenland (het)	**Ελλάδα** (θηλ.)	[elʲáða]
Denemarken (het)	**Δανία** (θηλ.)	[ðanía]
Ierland (het)	**Ιρλανδία** (θηλ.)	[irlʲanðía]
IJsland (het)	**Ισλανδία** (θηλ.)	[islʲanðía]
Spanje (het)	**Ισπανία** (θηλ.)	[ispanía]
Italië (het)	**Ιταλία** (θηλ.)	[italía]
Cyprus (het)	**Κύπρος** (θηλ.)	[kípros]
Malta (het)	**Μάλτα** (θηλ.)	[málʲta]
Noorwegen (het)	**Νορβηγία** (θηλ.)	[norviʝía]
Portugal (het)	**Πορτογαλία** (θηλ.)	[portoɣalía]
Finland (het)	**Φινλανδία** (θηλ.)	[finlʲanðía]
Frankrijk (het)	**Γαλλία** (θηλ.)	[ɣalía]
Zweden (het)	**Σουηδία** (θηλ.)	[suiðía]
Zwitserland (het)	**Ελβετία** (θηλ.)	[elʲvetía]
Schotland (het)	**Σκοτία** (θηλ.)	[skotía]
Vaticaanstad (de)	**Βατικανό** (ουδ.)	[vatikanó]
Liechtenstein (het)	**Λίχτενσταϊν** (ουδ.)	[líxtenstajn]
Luxemburg (het)	**Λουξεμβούργο** (ουδ.)	[lʲuksemvúrɣo]
Monaco (het)	**Μονακό** (ουδ.)	[monakó]

148. Centraal- en Oost-Europa

Albanië (het)	**Αλβανία** (θηλ.)	[alʲvanía]
Bulgarije (het)	**Βουλγαρία** (θηλ.)	[vulʲɣaría]
Hongarije (het)	**Ουγγαρία** (θηλ.)	[ungaría]
Letland (het)	**Λετονία** (θηλ.)	[letonía]
Litouwen (het)	**Λιθουανία** (θηλ.)	[liθuanía]
Polen (het)	**Πολωνία** (θηλ.)	[polʲonía]

Roemenië (het)	**Ρουμανία** (θηλ.)	[rumanía]
Servië (het)	**Σερβία** (θηλ.)	[servía]
Slowakije (het)	**Σλοβακία** (θηλ.)	[slʲovakía]
Kroatië (het)	**Κροατία** (θηλ.)	[kroatía]
Tsjechië (het)	**Τσεχία** (θηλ.)	[tsexía]
Estland (het)	**Εσθονία** (θηλ.)	[esθonía]
Bosnië en Herzegovina (het)	**Βοσνία-Ερζεγοβίνη** (θηλ.)	[voznía erzeɣovini]
Macedonië (het)	**Μακεδονία** (θηλ.)	[makeðonía]
Slovenië (het)	**Σλοβενία** (θηλ.)	[slʲovenía]
Montenegro (het)	**Μαυροβούνιο** (ουδ.)	[mavrovúnio]

149. Voormalige USSR landen

Azerbeidzjan (het)	**Αζερμπαϊτζάν** (ουδ.)	[azerbajdzán]
Armenië (het)	**Αρμενία** (θηλ.)	[armenía]
Wit-Rusland (het)	**Λευκορωσία** (θηλ.)	[lefkorosía]
Georgië (het)	**Γεωργία** (θηλ.)	[ʝeorʝía]
Kazakstan (het)	**Καζακστάν** (ουδ.)	[kazakstán]
Kirgizië (het)	**Κιργιζία** (ουδ.)	[kirʝizía]
Moldavië (het)	**Μολδαβία** (θηλ.)	[molʲðavía]
Rusland (het)	**Ρωσία** (θηλ.)	[rosía]
Oekraïne (het)	**Ουκρανία** (θηλ.)	[ukranía]
Tadzjikistan (het)	**Τατζικιστάν** (ουδ.)	[tadzikistán]
Turkmenistan (het)	**Τουρκμενιστάν** (ουδ.)	[turkmenistán]
Oezbekistan (het)	**Ουζμπεκιστάν** (ουδ.)	[uzbekistán]

150. Azië

Azië (het)	**Ασία** (θηλ.)	[asía]
Vietnam (het)	**Βιετνάμ** (ουδ.)	[vietnám]
India (het)	**Ινδία** (θηλ.)	[inðía]
Israël (het)	**Ισραήλ** (ουδ.)	[izraílʲ]
China (het)	**Κίνα** (θηλ.)	[kína]
Libanon (het)	**Λίβανος** (αρ.)	[lívanos]
Mongolië (het)	**Μογγολία** (θηλ.)	[mongolía]
Maleisië (het)	**Μαλαισία** (θηλ.)	[malesía]
Pakistan (het)	**Πακιστάν** (ουδ.)	[pakistán]
Saoedi-Arabië (het)	**Σαουδική Αραβία** (θηλ.)	[sauðikí aravia]
Thailand (het)	**Ταϊλάνδη** (θηλ.)	[tajlʲánði]
Taiwan (het)	**Ταϊβάν** (θηλ.)	[tajván]
Turkije (het)	**Τουρκία** (θηλ.)	[turkía]
Japan (het)	**Ιαπωνία** (θηλ.)	[japonía]
Afghanistan (het)	**Αφγανιστάν** (ουδ.)	[afɣanistán]
Bangladesh (het)	**Μπαγκλαντές** (ουδ.)	[banglʲadés]

Indonesië (het)	**Ινδονησία** (θηλ.)	[inðonisía]
Jordanië (het)	**Ιορδανία** (θηλ.)	[iorðanía]
Irak (het)	**Ιράκ** (ουδ.)	[irák]
Iran (het)	**Ιράν** (ουδ.)	[irán]
Cambodja (het)	**Καμπότζη** (θηλ.)	[kabódzi]
Koeweit (het)	**Κουβέιτ** (ουδ.)	[kuvéjt]
Laos (het)	**Λάος** (ουδ.)	[lʲáos]
Myanmar (het)	**Μιανμάρ** (ουδ.)	[mianmár]
Nepal (het)	**Νεπάλ** (ουδ.)	[nepálʲ]
Verenigde Arabische Emiraten	**Ηνωμένα Αραβικά Εμιράτα** (θηλ.πλ.)	[inoména araviká emiráta]
Syrië (het)	**Συρία** (θηλ.)	[siría]
Palestijnse autonomie (de)	**Παλαιστίνη** (θηλ.)	[palestíni]
Zuid-Korea (het)	**Νότια Κορέα** (θηλ.)	[nótia koréa]
Noord-Korea (het)	**Βόρεια Κορέα** (θηλ.)	[vória koréa]

151. Noord-Amerika

Verenigde Staten van Amerika	**Ηνωμένες Πολιτείες Αμερικής** (θηλ.πλ.)	[inoménes polities amerikís]
Canada (het)	**Καναδάς** (αρ.)	[kanaðás]
Mexico (het)	**Μεξικό** (ουδ.)	[meksikó]

152. Midden- en Zuid-Amerika

Argentinië (het)	**Αργεντινή** (θηλ.)	[arʝendiní]
Brazilië (het)	**Βραζιλία** (θηλ.)	[vrazilía]
Colombia (het)	**Κολομβία** (θηλ.)	[kolʲomvía]
Cuba (het)	**Κούβα** (θηλ.)	[kúva]
Chili (het)	**Χιλή** (θηλ.)	[xilí]
Bolivia (het)	**Βολιβία** (θηλ.)	[volivía]
Venezuela (het)	**Βενεζουέλα** (θηλ.)	[venezuélʲa]
Paraguay (het)	**Παραγουάη** (θηλ.)	[parayuái]
Peru (het)	**Περού** (ουδ.)	[perú]
Suriname (het)	**Σούριναμ** (ουδ.)	[súrinam]
Uruguay (het)	**Ουρουγουάη** (θηλ.)	[uruyuái]
Ecuador (het)	**Εκουαδόρ** (ουδ.)	[ekuaðór]
Bahama's (mv.)	**Μπαχάμες** (θηλ.πλ.)	[baxámes]
Haïti (het)	**Αϊτή** (θηλ.)	[aití]
Dominicaanse Republiek (de)	**Δομινικανή Δημοκρατία** (θηλ.)	[ðominikaní ðimokratía]
Panama (het)	**Παναμάς** (αρ.)	[panamás]
Jamaica (het)	**Τζαμάικα** (θηλ.)	[dzamájka]

153. Afrika

Egypte (het)	**Αίγυπτος** (θηλ.)	[éʝiptos]
Marokko (het)	**Μαρόκο** (ουδ.)	[maróko]
Tunesië (het)	**Τυνησία** (θηλ.)	[tinisía]
Ghana (het)	**Γκάνα** (θηλ.)	[gána]
Zanzibar (het)	**Ζανζιβάρη** (θηλ.)	[zanzivári]
Kenia (het)	**Κένυα** (θηλ.)	[kénia]
Libië (het)	**Λιβύη** (θηλ.)	[livíi]
Madagaskar (het)	**Μαδαγασκάρη** (θηλ.)	[maðaɣaskári]
Namibië (het)	**Ναμίμπια** (θηλ.)	[namíbia]
Senegal (het)	**Σενεγάλη** (θηλ.)	[seneɣáli]
Tanzania (het)	**Τανζανία** (θηλ.)	[tanzanía]
Zuid-Afrika (het)	**Δημοκρατία της Νότιας Αφρικής** (θηλ.)	[ðimokratía tis nótias afrikís]

154. Australië. Oceanië

Australië (het)	**Αυστραλία** (θηλ.)	[afstralía]
Nieuw-Zeeland (het)	**Νέα Ζηλανδία** (θηλ.)	[néa zilʲanðía]
Tasmanië (het)	**Τασμανία** (θηλ.)	[tazmanía]
Frans-Polynesië	**Γαλλική Πολυνησία** (θηλ.)	[ɣalikí polinisía]

155. Steden

Amsterdam	**Άμστερνταμ** (ουδ.)	[ámsterdam]
Ankara	**Άγκυρα** (θηλ.)	[ángira]
Athene	**Αθήνα** (θηλ.)	[aθína]
Bagdad	**Βαγδάτη** (θηλ.)	[vaɣðáti]
Bangkok	**Μπανγκόκ** (ουδ.)	[bangkók]
Barcelona	**Βαρκελώνη** (θηλ.)	[varkelʲóni]
Beiroet	**Βηρυτός** (θηλ.)	[viritós]
Berlijn	**Βερολίνο** (ουδ.)	[verolíno]
Boedapest	**Βουδαπέστη** (θηλ.)	[vuðapésti]
Boekarest	**Βουκουρέστι** (ουδ.)	[vukurésti]
Bombay, Mumbai	**Βομβάη** (θηλ.)	[vomvái]
Bonn	**Βόννη** (θηλ.)	[vóni]
Bordeaux	**Μπορντό** (ουδ.)	[bordó]
Bratislava	**Μπρατισλάβα** (θηλ.)	[bratislʲáva]
Brussel	**Βρυξέλλες** (πλ.)	[vrikséles]
Caïro	**Κάιρο** (ουδ.)	[káiro]
Calcutta	**Καλκούτα** (θηλ.)	[kalʲkúta]
Chicago	**Σικάγο** (ουδ.)	[sikáɣo]
Dar Es Salaam	**Νταρ Ες Σαλάμ** (ουδ.)	[dar es salʲám]
Delhi	**Δελχί** (ουδ.)	[ðelʲxí]

Den Haag	**Χάγη** (θηλ.)	[xáʝi]
Dubai	**Ντουμπάι** (ουδ.)	[dubáj]
Dublin	**Δουβλίνο** (ουδ.)	[ðuvlíno]
Düsseldorf	**Ντίσελντορφ** (ουδ.)	[díselʲdorf]
Florence	**Φλωρεντία** (θηλ.)	[flʲorendía]
Frankfort	**Φρανκφούρτη** (θηλ.)	[frankfúrti]
Genève	**Γενεύη** (θηλ.)	[ʝenévi]
Hamburg	**Αμβούργο** (ουδ.)	[amvúrɣo]
Hanoi	**Ανόι** (ουδ.)	[anój]
Havana	**Αβάνα** (θηλ.)	[avána]
Helsinki	**Ελσίνκι** (ουδ.)	[elʲsínki]
Hiroshima	**Χιροσίμα** (θηλ.)	[xirosíma]
Hongkong	**Χονγκ Κονγκ** (ουδ.)	[xong kong]
Istanbul	**Κωνσταντινούπολη** (θηλ.)	[konstandinúpoli]
Jeruzalem	**Ιεροσόλυμα** (θηλ.)	[ierosólima]
Kiev	**Κίεβο** (ουδ.)	[kíevo]
Kopenhagen	**Κοπεγχάγη** (θηλ.)	[kopenxáʝi]
Kuala Lumpur	**Κουάλα Λουμπούρ** (θηλ.)	[kuálʲa lʲubúr]
Lissabon	**Λισαβόνα** (θηλ.)	[lisavóna]
Londen	**Λονδίνο** (ουδ.)	[lʲonðíno]
Los Angeles	**Λος Άντζελες** (ουδ.)	[lʲos ándzeles]
Lyon	**Λιόν** (θηλ.)	[lión]
Madrid	**Μαδρίτη** (θηλ.)	[maðríti]
Marseille	**Μασσαλία** (θηλ.)	[masalía]
Mexico-Stad	**Πόλη του Μεξικό** (θηλ.)	[póli tu meksikó]
Miami	**Μαϊάμι** (ουδ.)	[majámi]
Montreal	**Μόντρεαλ** (ουδ.)	[móntrealʲ]
Moskou	**Μόσχα** (θηλ.)	[mósxa]
München	**Μόναχο** (ουδ.)	[mónaxo]
Nairobi	**Ναϊρόμπι** (ουδ.)	[najróbi]
Napels	**Νεάπολη** (θηλ.)	[neápoli]
New York	**Νέα Υόρκη** (θηλ.)	[néa jórki]
Nice	**Νίκαια** (θηλ.)	[níkea]
Oslo	**Όσλο** (ουδ.)	[óslʲo]
Ottawa	**Οτάβα** (θηλ.)	[otáva]
Parijs	**Παρίσι** (ουδ.)	[parísi]
Peking	**Πεκίνο** (ουδ.)	[pekíno]
Praag	**Πράγα** (θηλ.)	[práɣa]
Rio de Janeiro	**Ρίο ντε Ζανέιρο** (ουδ.)	[río de zanéjro]
Rome	**Ρώμη** (θηλ.)	[rómi]
Seoel	**Σεούλ** (ουδ.)	[seúlʲ]
Singapore	**Σιγκαπούρη** (θηλ.)	[singapúri]
Sint-Petersburg	**Αγία Πετρούπολη** (θηλ.)	[aʝía petrúpoli]
Sjanghai	**Σαγκάη** (θηλ.)	[sangái]
Stockholm	**Στοκχόλμη** (θηλ.)	[stokxólʲmi]
Sydney	**Σίδνεϊ** (θηλ.)	[síðnej]
Taipei	**Ταϊπέι** (θηλ.)	[tajpéj]
Tokio	**Τόκιο** (ουδ.)	[tókio]

Toronto	**Τορόντο** (ουδ.)	[toróndo]
Venetië	**Βενετία** (θηλ.)	[venetía]
Warschau	**Βαρσοβία** (θηλ.)	[varsovía]
Washington	**Ουάσινγκτον** (θηλ.)	[wáʃington]
Wenen	**Βιέννη** (θηλ.)	[viéni]

www.ingramcontent.com/pod-product-compliance
Lightning Source LLC
Chambersburg PA
CBHW070553050426
42450CB00011B/2839
* 9 7 8 1 7 8 4 9 2 3 4 0 2 *